當我們滑在一起

與手機世代孩子共處

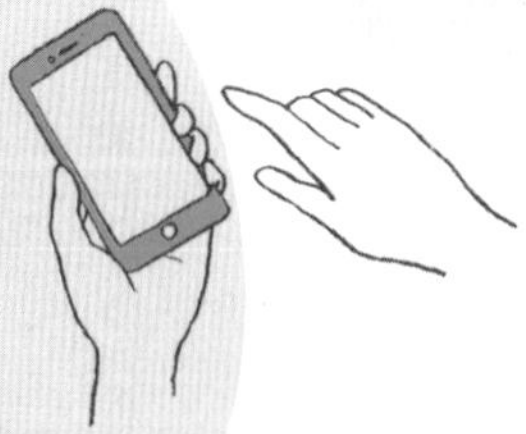

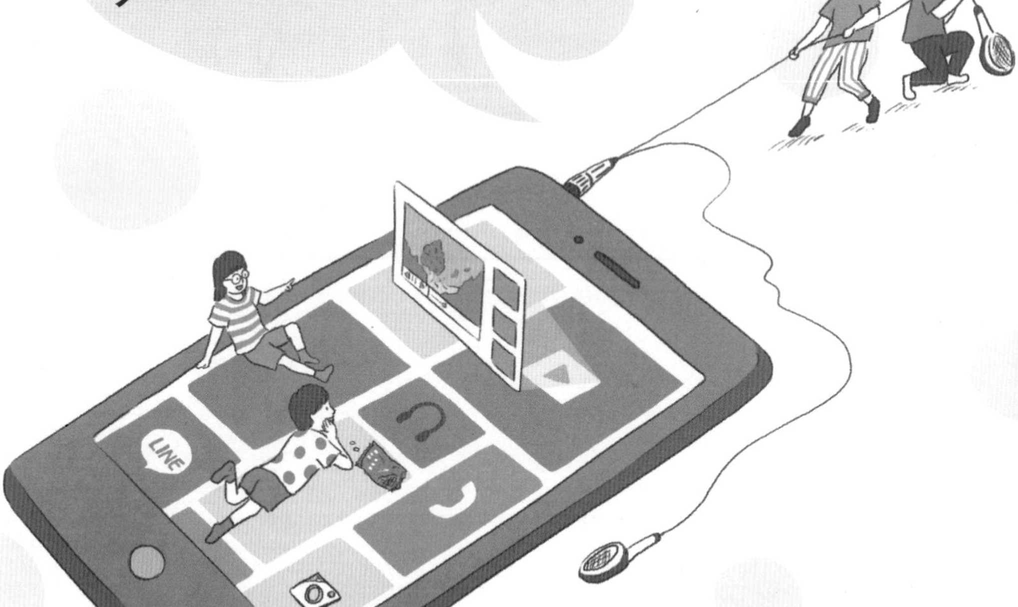

資深臨床心理師 **南琦** / 著

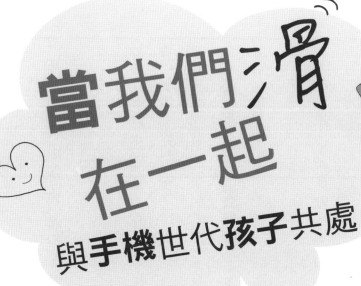

作者序

用健康的態度養出健康的孩子

當自己的孩子成了手機世代，我從孩子身上看到了不同於自己小時候的樣貌，感覺既困惑又好奇，到底不同的地方在哪裡？大環境的改變會讓孩子與我有多大的差異？網路與手機在此有什麼決定性的影響？

這差異讓我很想去了解，如果不夠了解我就無法進入她們的世界。

每個時代都有獨特的背景因素，不變的是家庭成員之間的情感狀態與關係，仍舊主導著家的品質，禁手機跟不禁手機的家庭都能教養出健康的孩子。

我有許多和其他家庭互動的機會，每個個案的背後都有好幾位家人的關係拉扯，我不能只看個案而捨家人，雖然做的是個別心理治療，但晤談內容一定會有家人、與家人的關係、與家人帶來的影響。

即使他獨居，即使他質疑「這跟我的問題有什麼關係」時，我仍舊苦口婆心，試著說明家庭經驗對我們的重要影響，即使你離家，若干年後這影響仍舊如影隨形。

過度的排斥與拒談是有意義的。

例如「我不想談我媽，她沒甚麼好談的」、「我離家多年已經沒有家了」等等，不放棄的我還是會在每次晤談時放在心上，視情況鼓勵對方談。

透過溫和的邀請，很少人是不想談的，我想讓他們看見家在他們身上留下的影響，如果是負面的就更應該看見，這樣才能了解坐在治療室的理由，才能真正解決問題，得到痊癒。

這些寶貴的家庭故事都再再提醒了我，為人父母該如何戒慎恐懼，小孩才不會嚴重到來看精神科。

不過這年頭的父母也真不是人當的，來求助的孩子固然心裡苦，但父母也不見得好受。父母都是成為父母後，才慢慢開始學著做父母，而且看著他們摸索得很辛苦時，覺得有些心疼不捨，許多辛苦不足為外人道，現在的屁孩（屁孩們抱歉了）真的好難搞。

兩邊都辛苦，我該如何展開工作？

所幸我的心理專業可以提供給個案，什麼情況下是不ＯＫ、不健康的，再不改變的話就要出問題了。

雖然可能還沒找到好方法，但至少可以對困境喊卡，然後站在理解兩邊困境的情況下找出解套的方案。還好問題解決不會只有一招，有時候只要做點小調整就會有大效果。

教養路漫長，要同時照顧自己與家人才能有好的品質。只專注在教養本身卻沒有關注自己的狀態，也無法執行有效的教養策略。

照顧自己的情緒與身心健康，就是照顧親子品質。那些聲稱不會影響孩子、不讓孩子擔心的父母們，你的孩子不會毫無所感，你太小看孩子的情緒感受力了，你的態度與行為已經透露了你並不OK。

所以這裡除了分享專業的知識，也將臨床現場觀察的體驗做分享，除了學到如何避免破壞性的互動、怎樣的教養態度與夫妻關係會導致不良後果，同時也可以觀察怎樣的調整與改變是有效的。

在醫療助人工作場域十多年，身為多重角色的我，也同時可同理許多身為母親、女兒、手足、伴侶、病患與病患家屬等各立場的為難與不易。我也分享如何轉換立場思考，增加親子互動彈性的經驗。

感謝一路上陪我實驗的小白老鼠：加寶、廷寶，雖然妳們已經不准我這麼叫，我與家長們的教養心得分享也多虧有妳們。這本書也獻給為教養議題努力不懈的父母、師長們。

劉南琦

推薦序

手機世代，不變的親子議題

陳品皓／好日子心理治療所執行長

我從事校園輔導工作多年，接觸的孩子與家長不下千位，幾年的服務經驗讓我發現：每一個孩子問題的背後，都有家庭狀態的影子，而每一位家長的背後，都是個人生命議題的延伸，於是家庭成為親子之間糾結纏繞的關係修練場。

這些大人與孩子間的各種問題，在孩子步入青春期後開始日益加劇，其中最為家長感到困擾的是親子間的溝通變得好困難，再加上相處時間變少，衝突變得更多，於是不少家長不只要面對孩子的各式生活問題，還要處理自己的情緒，相當辛苦而無奈。

這也是許多家長在面對親子關係時最想了解的問題：我的孩子怎麼了？我們又該怎麼相處？為什麼以前乖乖的，現在冒出一堆問題？

我自己身為父親，相當能夠理解並體認爸爸媽媽的心情，面對孩子時，父母內心的種種擔心、操煩、焦慮、期待等等複雜而繁瑣的情緒，每每不知怎麼的卻都化成一句句不得要領的回應，然後引發孩子的不耐與情緒，最後造成彼此的緊張與對立。

親子相處，真的不簡單。

幸好南琦的最新大作，讓我們有機會一探究竟，親子關係在既是心理輔導專家，同時身為媽媽的雙重角色中，南琦是怎麼思考與運作的。透過南琦大方而活潑的筆觸、深入而細膩的觀察、動人而共情的分享，從診療室中深邃幽暗的生命故事，到生活中兒女大大小小的相處軼事，讓我們在其中得到許多反思與覺察，進而在詼諧的觀點中釋懷自己，再次試著貼近孩子。

這是一部議題豐富、觀點專業，同時又深入淺出的好作品，讓每一位面對孩子成長中出現各種狀況而感到不知所措並猶疑的家長，都能在其中找到自己與孩子之間安適的相處之道，就如同作者在本書最末所說，親子之間的相處「沒有絕招，只有隨時接招，隨著問題與態度來調整。希望我們面對孩子的變化永遠抱持好奇與欣喜，迎接孩子的成長」。

由衷地推薦您，成為孩子生命的陪伴者。

推薦序

不全是「手機」與「賀爾蒙」惹的禍

凱若 Carol／親子類暢銷書作家

「父母總有很多為難，你知道孩子不是你，但孩子還沒完全變成他，這過程需要你。但，身為父母的我們除了生活照顧與自認該有的教養，他以後會成為怎樣的人、做怎樣的工作、交怎樣的朋友，就跟樂透一樣，結果未揭曉前都未定數。

當他會說『你走開』、『我不要』的時候，你得有心理準備：他已經成為他世界的主人，你變成訪客，甚至過客。你可以參觀，但請不要批評。」

網路世代、滑世代，這個世代與那個世代，我們有時很直覺地將問題放在「時代不同了」上頭，或者，直接將所有青春期孩子的情緒、反抗、表達，歸因於「全都是賀爾蒙惹的禍」！事實真是如此的嗎？

身為有一個15歲青春美少女女兒的媽媽，讀起臨床心理師南琦的這本書，特別有感。許多時候，我們都將焦點放在「孩子怎麼了」，但抽絲剝繭才發現，往往卡住的不是孩子，而是大人，或大人所建構起來的社會。

孩子長大成為「準成人」時，很自然地會對他們所處的世界，有著自己的判斷與想法，這是人類正常發展的階段。少了這樣的批判與反思，我們的社會也不可能前進。有許多現在我們認為理所當然的社會制度，例如民主、自由，都是在當時由一批批的年輕人「革命」而來的。

許多他們所看見的問題、所表達的意見，都是很真實需要被處理的問題。例如，因為無法信任而說謊，或因為無法溝通，表達總是被拒，而寧願在家滑手機也不願和父母出門等等，這些問題都需要被誠實面對，好好一起解決。但若身為父母的我們將過錯都放在孩子身上，就錯失了自己與孩子一同成長改變的機會了。

南琦老師的這本書，用著一個個的故事，將許多家庭中的難解習題，四兩撥千斤地招招拆解。有時讀起來，會很心疼那個孩子，有時則是為那對父母而感到難過，但南琦老師總能用一個「不強力壓迫孩子，也不過分怪罪家長」的平穩態度，讓這些困難得以迎刃而解，是所有青少年父母都必須一讀的「解題參考書」。

我在五年前到了德國，從頭適應一個新的文化，學習新的語言，甚至開始一個新的家庭。這過程中，我曾經面對過對德國制度的反彈、對自己的質疑，以及對關係的不安全感，但這樣的過程，反而拉近了我與女兒之間的關係。這些歷程的辛苦，讓我對於她要進入「大人世界」時所面對的挑戰更有同理心，也讓我對她在各方面的學習，能學著用「我懂，這不容易」的心情去陪伴。也因為這幾年同在歐洲「打拼」，我們親密的革命情感，遠大過於對立與衝突。我時常感謝女兒能夠體貼媽媽在異鄉持家努力的心情，她倘若只有在原本的環境中成長，也不會如此貼心溫柔。

現在，我身邊也有著一個三歲的兒子。想想女兒，再回頭看看兒子，我時常提醒自己，每個孩子都是從這麼小的寶貝，逐漸要在這世界上找到自己的一個位置，這過程真不容易！我身為父母能做的，不是下指導棋，更不是批判，而是首先「尊重」他們是自己生命的主人，隨著他們的年歲增長而調整我們的角色。更要「看重」自己身為父母親，在孩子的生活與情緒發展上的重要性。

天下絕對沒有全然「無不是」的父母，我們都會犯錯。甚至有時候，我覺得孩子比我們看得更清楚，更真實與坦然。在將所有教養問題歸責在手機與賀爾蒙之前，讀一讀南琦的這本好書，讓我們用一個「生命同路人」的角度來與我們的孩子相處，或許，我們不只協助孩子面對了他們的問題，更解開了我們自己的結啊！

凱若 Carol

推薦序

方法對了，讓我們與孩子滑在一起

廖翊君／作家、內容經紀人

這是一本看了令父母們拍案叫絕，甚至想哭又想笑的書。

認識南琦已經五年，那時，她的兩個女兒都還是小學生呢！日子一天一天過，南琦的書也一本一本出，如今第二十五本書上市，她的小孩也從小學分別進到國中和高中。在這五年間，我和南琦的聯絡從未間斷，見面時除了討論新書的內容，也很關心彼此小孩的近況。

然後有一天，南琦去刺青。「我刺在後頸～」南琦撩了一下頭髮，那是很有氣質的圖案。她刺青，除了自己原本就想嘗試外，我相信還有個原因是，她想與孩子們在一起。

青春期的孩子都有自己的心思，那是父母們無法走進的世界。南琦，用她的方式守護孩子的同時，也讓孩子知道她是可以聊次文化、聊心情的媽媽。身為臨床心理師，南琦工作上接觸到的，當然都是需要心理諮商的病人。這些病人中，各種年齡、各種身份都有，總是受到學生病友歡迎的她，也令人好奇，南琦的親子關係如何？

「下班之後我罵小孩的模樣，也就像一般母親會有的樣貌，既不特別理智，也不特別抓狂，有時候也會按捺不住性子直接發飆……」她在書上寫著。

這，就是南琦，一個真誠的人，不刻意扮專家，也不刻意強調成功經驗。

與南琦認識一陣子後，得知她對於臉書有不少研究，繼出版《網路社群讀心術》後，很期待《當我們滑在一起：與手機世代孩子共處》的出版。

有幸先拜讀書稿，光是目錄，就非常吸引人：第一部分點出現今手機現象，南琦幽默犀利的形容，讓人看了不覺莞爾；第二部分是南琦與兩個女兒互動的經驗談，支持著也同樣有兩個女兒的我；第三部分是更深層的，為不同身份書寫的故事，有行動不便的老人家、有請完育嬰假因為壓力而瘦不下來的媽媽，當中有著南琦對於故事主角的慈悲。

在書中，南琦也寫到她與母親同時得乳癌的故事，正因為自己親身走來，她更能體會活著的可貴，也難怪南琦不止一次在書中嘮叨地強調，為人父母一定要先把自己照顧好。

「保全自己換取與孩子相處的時間，這比什麼都重要。」

此刻拿起此書的您，或許正苦於不知道如何管理孩子少用手機；或許想知道該如何與孩子們取得使用手機的共識……。不管如何，您，肯定是位關心孩子的父母，而本書不但提供「與手機世代相處的方式」，還有許多陪伴青春期孩子的觀點，相信有助於改善親子關係。

誠摯推薦《當我們滑在一起》，讓我們用手機參與孩子們的世界吧！

廖翊君

Phone 1 手機世代的臨床現象

Phone 2 臨床心理師的手機世代

Phone 3 手機世代的社會現象

Phone 1

手機世代的臨床現象

前言

手機世代，拿著手機的你我通通都算是，但若要來個較嚴謹的定義，我認為從小伴隨著手機與網路的孩子才是典型的手機世代。

他們沒見過電視是黑白的，甚至沒看過智障手機。手機「本來」就是彩色的，「本來」就可以看影片，用手機來理解世界的一切是理所當然的。日本有個數據是有7成以上的小學生不會操作公共電話，顯示現代孩子依賴手機之深，只要手邊沒有手機，遇到危險時連求救都可能有困難。

在網路和螢幕下長大的孩子，遇到的問題肯定與父母世代有極大的差異，我們有辦法協助他們處理問題嗎？我們準備好了嗎？或者是來不及準備好的我們已經和他們有了大大小小的衝突？

孩子的問題不僅是孩子的，也常常是大人造成的。

來門診的孩子與家庭近幾年愈來愈多。這代表愈來愈多人察覺到，個人問題與家庭是有關的。

有人會以為臨床看到的那些都是有問題的家庭，更多沒來醫院的家庭其實很OK。真的是這樣的嗎？拿別科的想法來思維心理問題是行不通的，當關係出了問題時，有誰真能敏銳看到「關係問題其實也是心理病」、「有家人的情緒出了問題」，第一時間就能求助專業？誰不是跌跌撞撞、無計可施之後，才把「向外求助」當成其中之一的選項？

我在診間所看到的家庭早就累積了程度不等的沉痾，但絕不代表診間以外的家庭安然無事，他們的問題正逐漸累積中，若不積極面對的話，便會逐步走向懸崖邊。

有個被父母帶來門診的孩子（其實她自己也想來），他們因為某些溝通問題而找不到對策。

「我們很想幫她啊，但她在家都一直滑手機，什麼事都不想做～」父母對於孩子的消極頂撞束手無策。

「我覺得他們很煩，出去就是看他們在吵架，每次都說是為了我。所以只好把房門關起來，其實滑手機滑久了也是很無聊啊～」孩子也很無奈。

如果在家可以不煩，是不是可以少滑一點手機？若要孩子覺得不煩、不必滑手機，父母彼此是不是能調整些什麼？

後來這個小女生告訴我，自從來就醫之後全家氣氛的確有變：「我媽的態度是有比較好一點，比較少念我了……，我爸雖然沒有問我醫生看的怎樣，但會提醒我下次回診時間，而且也會提醒我要吃藥……，他們現在吵得沒有以前兇……。心情喔，是有比較不會生氣了。」家人要有面對問題的意識，而且必須採取跟過去不一樣的因應，否則就是重蹈覆轍。

來求助的家庭當然是有問題的，不過誰多少沒有一點問題呢？重要的是有面對問題的勇氣，不怕與外人討論，就算再難堪也想找出有效的解決方式，那麼這個努力就足以克服多年來累積的不良影響。

當我的女兒國中會考結束之後，她與同學們終於可以過個真正輕鬆、沒有暑輔與考試的暑假，於是她們常常玩網路連線遊戲，從隔著房門還聽得到她的鬼吼鬼叫就可以判斷出來。

只是她有點不太開心，因為有個好友沒辦法加入大夥兒的戰局：「她媽媽說她沒考好、失常，很生氣，就不准她單獨出門。暑假耶，連她要跟我們出去玩也不可以，說什麼要等她升大學後才可以跟朋友約，拜託～然後我們剛剛在玩的時候，我就聽到她媽在旁邊罵她，說什麼考不好還敢玩手機！然後她就只好下線了，好慘！」

女兒轉述她與父母爭吵的內容，父母甚至丟出「我們是沒有要拿你和你姐姐比較啦，但你就是考得比姐姐差」這種前後不一的矛盾訊息。

我很無奈地說：「她父母這麼做是在逼她討厭他們嗎？」有些父母的管教方式其實會帶來反效果，自以為在管教孩子，但在有成效之前已經先失去了孩子對他們的尊敬。

回過頭來看看診間。至少來求助的父母是有自覺、願意用心與反思的，即使改變很緩慢，甚至還跌跌撞撞看不到具體成果，不過我們沒有放棄，也很努力地面對，而我們現在的問題，也有可能是你會遇到的問題。

01 自己滑手機，卻要孩子別碰3C，這樣對嗎？

這孩子看起來聰慧靈活，安安靜靜的，表情有些無聊，無事可做。他的老媽則在旁邊很專心地滑手中平板，感覺不是在看韓劇，就是在回公司訊息。

這孩子因為遭逢大人的婚姻問題，情緒生病了，媽媽也知道孩子狀況不OK，所以才帶來讓醫生看看，醫生則轉介到我這裡。

我與孩子單獨晤談，孩子很懂事早熟，雖然社交與語言能力的表現不怎麼樣，但抽象空間能力卻有很好的表現，通常這時候我會問：「你平常都玩電腦吧。」我的經驗是，空間能力好的孩子有很高的比例頻繁地使用3C產品。

「我媽不准我玩電腦，他說會影響視力。」ㄜ……媽媽自己現在不是正在用平板電腦嗎？我很訝異，父母常見的雙重標準又來了：自己可以使用，孩子不准。小五的他表示，從小四開始媽媽就不准他碰電腦了。

不准用電腦，指的是通通不准還是晚上9點以後不准？

「通通不准，也不讓我用手機。我去阿嬤家時會拜託阿姨偷偷讓我用……」

那有參加社團或同學之間的聚會活動嗎？

「以前有練過足球，不過現在沒有了。媽媽不准我跟同學約，說家裡的事情讓同學知道很丟臉。」他指的是父母離婚的事。

這個不准媽做錯了兩件事，第一件事，是拿自己的價值觀硬套在孩子身上（用3C的壞處一定比好處多。還有，父母離婚是丟臉的），沒考慮到孩子的需求。第二件事，剝奪了他正常的社交機會，不管是用社交軟體還是實際生活，孩子的世界已非你當年的世界了。當年，你的世界還沒有網路。

3C的使用率以及重要性，我已不必在此贅述，對於年輕一代的孩子來說，3C就是生活，它可以拿來娛樂、學習，最重要的是社交活動。沒社交網路，孩子該怎麼交朋友、維持友誼？

更何況，不准媽在候診區自己就抓著平板、手機不放，這樣的限制有何說服力？幸好孩子是溫順聽話的，才不至於讓夫妻關係問題之外又多加一個親子問題，但也因此犧牲了孩子的需求。

「我有學英文，是因為我英文很爛，我媽說要補強我的英文。然後，就沒再學什麼了，怕影響課業。」父母對孩子弱點的著急，希望他不落人後的苦心，我不是不明白。不過，不准媽啊，與其對孩子的弱點補破網，不如多激發他的優點，孩子很需要你對他優點的肯定啊。媽媽很在乎與關心孩子，可惜力道使錯了方向，白浪費力氣，明明肯定他的優點比挽救缺點容易得多，為什麼父母總以為孩子能夠像黏土一樣，可以任意捏出想要的形狀？

孩子不會理解你這樣做是愛他（那種迂迴的愛麻煩等他大一點再來用），只知道你的諸多限制，不准這個不准那個，甚至害他沒什麼好友，這對他目前的情緒狀態無疑雪上加霜。

當我和不准媽做更多澄清時，不准媽覺得有些無辜：「他有朋友啊，他常常跟鄰居的孩子一起玩哪～」

拜託，跟鄰居的小屁孩玩是聊勝於無，玩在一起的朋友與麻吉麻吉的層次仍有很大的不同，我委婉地跟她說，這年紀的孩子，要的是同儕，是一群人的歸屬感啊。

禁止絕對沒效果，除非你要孩子沒朋友。

還有，要禁止３Ｃ，可以，但你得以身作則，願意把自己玩３Ｃ的時間拿來陪伴孩子，陪他閱讀、聊天、做其他的事，成為亦師亦友的家長來取代３Ｃ的各種影響。做不到？如果你做不到，憑什麼要孩子做到？

用３Ｃ會有損視力，這是 common sense 不必多說，但這不是３Ｃ的原罪，看書看太久也是有損視力啊。父母該做的不是禁止而是規範，千萬不要濫用權威、畫錯重點、亂牽拖。想想過去漫畫的原罪吧，現在有誰能忽略動漫的實力與影響性？

心理師的建議

拔掉插頭或切斷網路永遠是最爛的方法，除非你想要孩子恨你。

絕對有比禁止更好的方式，只是方式絕對簡省不得。愈費事，愈費工，表示孩子愈會感受到你的堅持與用心。

只要守住兩點原則：

1. 限制使用時間。你仍舊可以有效地監控孩子狀況，如果時間可以和孩子一起討論訂下，會比自己強制規定更有效。
2. 使用大一點的螢幕。讓眼球活動面積大一些，較不吃力。

使用3C，絕對可以做到雙贏的局面，端看你想選擇的態度。

02 選擇題，給孩子範圍內的自由

無法制止孩子滑手機，應該是許多家長的難題。

我的個案媽媽也一樣，個案是個高中女生，機敏、聰慧，有屬於自己與朋友的小世界，而且還在適應大人的世界。目前與媽媽在手機使用上有很大的衝突，動不動就暴走、大小聲，口角不斷。

「我媽因為要我早點睡或者是要我去看書，就會沒收我的手機，她以為沒收我的手機我就會去看書了嗎？我要看書就會去看書，她這樣做我更不想去看書……」

「我媽真的很偏激，動不動就威脅我，說什麼如果你不這樣的話我就那樣，她以為這樣講就會有用了嗎？哼，我媽脾氣真的很差～」

當然，個案女生也不甘示弱，當媽媽試圖制止她某些行為時，她會直接發脾氣、大吼、摔門。所以在我看來，兩造的脾氣都沒有很好，不過這可不能說出來。

我細問，那你媽媽晚上幾點會沒收你的手機。

「9點到10點之間吧。」

這個時間很多小女生都會網聊，拿走她的手機不就等於拿走她的命？也難怪她要暴跳如雷了。

「不過她假日晚上就不會沒收我的手機……，但她還是會威脅我如果不看書就要沒收啊～」

聽到這裡，我想很多家長和這位媽媽一樣，心中有許多無奈，在管束與自由的尺度之間拿捏不定，像是捏一個隨時會爆的手榴彈。這位媽媽並非不知道女兒的需求，但看到女兒日漸懶散、功課日益退步，心裡焦急卻不知如何是好，只好在一下子緊、一下子鬆之間遊走，而聰明的女兒也會想不斷試探媽媽的底線，並把爸爸也拖進來，讓脾氣好的爸爸為自己說話。

我想，總要聽到媽媽的說詞才完整，不能只聽孩子的就宣判媽媽不是，於是在個案的同意之下我也和媽媽單獨對話。

這個媽媽看起來已經有點心力交瘁：「……我的壓力很大，她升高中後我就瘦了6公斤！這孩子的個性跟姐姐很不同，很有自己的意見，姐姐就能照著我的話做，沒那麼多意見，但看到我對她妹妹那樣，也會指責我不公平，為什麼對妹妹比較好，我真的兩邊都要處理、都要應付，真的很累！」

孩子日益大了，強硬的態度顯然不適合這樣的孩子，雖然方法經過修正，但個案媽媽終究很難放手讓個案嘗試錯誤。

我問：「你擔心手機會影響她的功課，功課退步她會怎樣嗎？她其實對成績很在意對不對？所以何不試著讓她學習為自己的成績負責，屬於她該擔心的，你替她擔心的結果就是把自己搞得更累。」

個案媽媽同意我的說法，於是我們討論，不要再對她有是非題的選擇（例如慣用的「如果你不〇〇的話，那我就××」），而是把選擇的範圍擴大，在這個範圍內讓她做決定：

1. 在規定的時間內（時限是與孩子討論並雙方同意）把手機交給媽媽。
2. 在規定的時間內把手機交給爸爸。
3. 周一到周五若有兩天以上忘記交出來，本周零用錢扣〇元（共同討論並同意）。
4. 手機都不想交給爸媽，可以，但如果下次段考成績退步（退步的定義與孩子共同討論並同意），那當月只好暫停手機網路。

是非題，只能選擇要或不要、有或沒有，孩子覺得自己被逼著畫押，容易心生憤怒；問答題（例如「不然你到底想怎樣」這樣的問題），沒有引領孩子方向，反而讓孩子不知所措。他想要自己決定，但也需要大人的帶領。

心理師的建議

面對想要擁有較多主控權的孩子，我認為3個選項或以上的選擇題是比較恰當的作法，在有限範圍內給他選擇，這幾種選擇是你為他設想的，就算孩子跟你說他通通都不想選，但有得選擇也勝過沒得選。勉強接受卻不至於衝突的局面，雙方都能接受。

教養本來就是一條漫長的路，父母與孩子都需要花時間摸索出合適的路線，太用力會讓自己太有壓力，別讓原本的關心被爭執與衝突耗損殆盡。

03 別讓你的建議變成霸凌

這個辛苦的媽媽養育一個外人眼中的問題兒，需要請領身心障礙手冊的那種。從入學開始，她就必須忍受孩子與別人的不同，並經常去學校收拾孩子的爛攤子，忙著到處道歉。

她只要起個頭，我就猜得到尾，有時是孩子用書本丟同學的頭，有時則是推了別人一把。別的家長在自己的孩子受到欺負的情況下，沒必要體恤她的孩子有多需要特別的教導。

「特殊生的家長」，這個身分讓她走到哪裡都顯得寂寞，她必須比孩子還堅強，在孩子哭著說推了別人一把是因為別人取笑自己的時候，苦口婆心地勸告只要打人就是不對。孩子大叫「這不公平」時，她得按捺住「什麼叫作公平」的內心吶喊，一而再、再而三地仔細安撫與說明。

而老師雖然能夠理解這樣的孩子需要設計一套行為教導，也盡力在做。不過老師很忙，能盡量不造成老師的麻煩最好，不要常跟老師吐苦水，要當老師眼中配合度高的家長，老師才會好好照顧我的孩子，她這樣想。

這些必須承擔的情緒，多年下來終於讓她受不住而就醫，長期的無助感與無奈，讓不得不堅強的母親也接近崩潰的邊緣。

除了心理治療該有的服務外，我心疼她的獨來獨往，也很想讓她有合適的資源連結，於是我建議，要不要尋求特殊兒的家長支持團體？有類似經驗的家長一定可以了解這種苦，至少在教養路上自己不孤單，也有很多同樣辛苦的例子。

「特殊生的家長？喔不，謝了。我之前就參加過，還很積極參加讀書會，是有很多過來人沒錯，大家都能了解照顧一個特殊兒有多麼不容易，也能彼此分享心得。不過慢慢地就覺得不太舒服，有的家長就會直接指責我不該這樣做要那樣做，還說他是過來人，而且小孩現在很不錯、有多棒之類的。本來我以為可以得到支持，結果一天到晚被指正，壓力更大，比來比去和其他家長團體有什麼不同？」

她不斷忍受好為人師的家長一再地指教、建議，她忍耐了幾年，以為真的是自己不會教，沒有找到合適的方法，而且她也需要朋友，以為有問題兒的家長比較能感同身受，結果卻不斷地被批評，連自己也不那麼肯定自己了。

「我的孩子行為很固著沒錯，但這就是他的症狀，我不想用強硬的方式讓他改。我們的互動方式是，我會找機會不斷跟他溝通，他一次不懂就說第二次、說第三次，慢慢磨，效率沒有很好，但我認為這樣才不會破壞親子關係。但有個也是自閉症的家長就一直跟我說，你不能這樣姑息他，會讓他養成壞習慣，應該要那樣那樣……」

「我並不期待小孩能多有成就，功課不是我最在意的，只要他能和正常人一樣工作、交朋友，我就已經很開心了。至於其他家長建議該怎樣讓他跟得上學習，老實說我並不在意，但這樣想容易被認為不會教小孩……，唉。」

為了不讓自己一再被打擊，她選擇離開愛扮專家的特殊兒家長小團體，寧可藉由閱讀、運動來增強自己的能量，然後就是來接受個別心理治療，讓自己的心聲可以更完整地被聽見。

她的故事讓我反省，身為家長的我們，會不會自以為提出好心的建議，其實是另一種形式的霸凌？

在不知道別人家庭互動的脈絡之下，隨意給自以為高明的意見，輕則讓對方家長不以為然，說了等於沒說；重則造成對方受傷而不自知，結果友情漸行漸遠。

為了避免自己成為別人眼中的恐龍家長，在給建議這件事情上不是不行，而是要更謹慎，例如，當對方家長詢問時才給，這樣的意見才能真正被接納。

而且得隨時提醒自己，每個家皆有獨特的樣貌，問題也沒有標準答案，多理解、多傾聽，才不會拘泥在自以為的小小世界裡忘了世界有多大。

心理師的建議

面對許多問題兒家庭的心得是，我試著理解問題兒父母的辛苦，不急著評斷他們的教養方式如何，此刻他們需要的是支持，不是批評指教。有時自以為是的專家意見，其實並沒有考量到家屬的苦衷。

唯有和這些父母站在同一邊，才能了解育兒過程中有怎樣的辛苦、孩子該怎樣教才真正有效。他們可是實踐家啊！

從上述那位家長，我學到了許多與自閉兒相處的方式，如何配合其個性來調整。例如自閉的孩子並非全然的刻板難以改變，在耐心說明帶領之下，仍舊可以學會遵守社會規則，在這點上我期待更多的尊重與理解。

04 聽孩子的，你願意嗎？

這個表情愁苦的女學生很吸引我的注意，因為她和我家老大加寶一樣年紀，卻一臉呆滯恍神。

這個晤談是她主動和父母要求的，她知道自己不對勁，而且這個不對勁是家人無法幫上忙的。

近幾年已經有愈來愈多青少年願意主動前來晤談，而且不希望家人陪伴甚至知道，這女孩顯然並不想為此把父母推開，幾次的看診皆由父親陪同。

她的父母皆是我眼中的高知識份子、中產階級，卻與這個孩子的相處上出現很大問題。她的姐姐很乖巧，是個會順從父母期待的標準老大，但她卻是個很有想法、處處有意見的孩子，這點讓權威管教的母親很頭痛。

我想到我自己就是那樣的孩子，為了做自己，一輩子與母親衝撞。

她告訴我許多生活事件，升高中之後尚未融入新同學，又與國中死黨吵架，更多的不開心是來自與家人的相處。許多的感覺在第一次晤談中無法明說，但和父母相處的問題卻從敘述生活樣貌中顯現：常常互相咆哮的對話、被責備而無法反駁的委屈。當我問到與父母的互動時，她表情漠然，用逃避空洞的眼神告訴我，「不・知・道」。

愈是有嚴重情緒困擾的人，愈無法說出他們的感覺，說不出來代表千頭萬緒不知從何說起，其實沉默有更多內在的殺傷力。這是很多人對於情緒問題的迷思，以為沒說就是沒事。

因為父母背景之故，加上她也唸了一所還不錯的公立高中，所以我問：「這高中是你選的嗎？你喜歡你唸的高中嗎？」如果答案是否定的，一定可以引出更多問題。

果然，她毫不猶豫地告訴我：「我是想念職校的，但我媽說服我，要學技藝可以到大學再去學，但我就是對唸書沒興趣啊。」

「我媽她一直覺得我很聰明，一定可以考得比姐姐好，只要我好好地唸，國立大學不是問題。實際上我高中是考得比姐姐好，不過這不代表我喜歡唸啊。」

這又是做家長的執著了：為什麼聰明的孩子得升學，唸職校就不行？為什麼想學技藝要等到大學，這難道不是士大夫心態家長的拖延策略？看看唸了高中之後孩子會不會「慢慢習慣與適應」？

第一次段考時，她只有兩科及格；第二次段考時，她只有一科及格，但此時父母仍舊缺乏警覺。

更糟的是，當她開始出現憂鬱症狀時，家人將這些症狀當成是她的個人問題。把她的無活力當成是賴床，然後在她爬不起來的時候暴怒，罵其偷懶，父親甚至把門踹破；把她的注意力無法集中當成是不夠努力，然後再逼她補全科的家教。

「我爸媽已經因為我吵了好幾次架，我媽說，再吵下去就會離婚了……」講到這裡她終於有明確的感覺，眼淚簌簌地流下來……。

她沒做錯什麼卻以為自己做錯了什麼，以至於我必須苦口婆心地先建立她的疾病態度，讓她先面對自己的心已經生病的事實，需要花時間好好治療與恢復。

同時我也必須建立父母的疾病觀，了解孩子的問題與他們通通有關，給予他們衛教觀念，至少不要再責備孩子。好家在的是，自從就醫之後，她的母親終於同意不再讓她補習了。

面對青春期孩子與你的期望不一致時，你真的能放下執著，試著傾聽孩子的需求、跟上孩子的腳步嗎？

我沒有標準答案，我也在學，試著在我的期望與孩子的期望之間找到平衡。如果兩相衝突時，我願自己有放手的勇氣。

當兩方意見不同，例如想選擇的學校不同時，身為父母的苦心與孩子的堅持，到底哪邊才是對的？仔細想想，這並沒有對錯的問題，如果孩子已經充分了解我們的想法，也能充分感受到我們的愛與關心，那麼我們還需要那麼堅持嗎？總得選出一個另一方不想要的選擇吧。如果我們是另一方，可以真心接受並繼續陪伴他嗎？

05 粗話髒話該怎麼管？

小毛的爸爸去參加家長日的座談。

會後爸爸拉著小毛到老師旁邊：「謝謝老師平時的照顧，不知道小毛平常的表現有沒有什麼問題？」

老師說：「是沒什麼大問題啦，有一點困擾的是，他太常說髒話了。」

爸爸馬上就朝小毛的頭拍下去：「馬的，不是叫你不可以說髒話嗎？」

好的，這就是在告訴我們，如果你有辦法在家都不說髒話、爆粗口，你才有資格、有立場要孩子別說髒話。千萬別硬ㄠ「大人可以，小孩不行」這種雙重標準，孩子才不吃你這套。

我就做不到。

以往不說粗話的孩子，在升上國中之後粗口愈來愈多，後來簡直如行雲流水般流暢，變成說話的語助詞了，尤其在晚飯間述說同學間的相處動態，或對電視某則新聞發表意見、慷慨激昂的時候，那個詞兒，單音或雙音節的，就這麼順勢夾帶出來。

干～馬der～F***～S***～（以上聲音已打馬賽克）

「喂～不要在那幹幹叫的，如果說成習慣，到時在學校說溜嘴，被記過什麼的，就別回來抱怨。」

我只能很無奈地提醒她，誰叫我自己激動時也會來上一句，即使我不直接對著孩子，也會在電話中、與人交談中順瀉而出，這是一種成人的情緒發洩，表現出無傷的攻擊性，強調反對立場、挑戰權威而已（大人的藉口真多）。但要孩子別跟著學，就像叼著煙叫孩子別抽，很沒說服力。

孩子看大人的反應有趣，難免學了去，但孩子並不懂得踩煞車，不能分辨大人那些冠冕堂皇的理由，不能控制何時該說何時不該說，很可能不小心就說溜了嘴。目前為止，老師們對於孩子的態度都很寬容，小懲一下或告誡而已，但我仍必須做些溫和的提醒，免得遇到嚴格的老師、遇到更大的處罰。

語言本身，我不甚在意。我不過度解讀粗話的意涵或行為本身，畢竟這要放在孩子的生活脈絡下，而非大人的。孩子仿說的能力強，什麼都有可能學，俚語、成語，當然包括粗話、髒話。

在治療中的粗話，甚至是有幫助的。個案願意顯露出較真實的一面，代表他比較放鬆了，比較信任了，不害怕流露情緒了，這樣我們的對話才可以展開。

別因表面的語言、字詞來責備孩子，你的驚恐反應只會引起孩子更大的挑釁或反抗，最好的方式是冷處理，並試著反思自己對粗話的反應。

你在擔心什麼？

粗話真的等於學壞嗎？如果是，可能還是跟你學的呢。

粗話跟品德的關係大嗎？還是，那不過就是一句粗話而已。

也許有人不同意：小地方放縱久了會變成大問題，說粗話是開始變壞的線索……。

我想說的是，從說粗話到變壞，還有一大段很長的路，不用太大驚小怪、自己嚇自己，如果你的粗口並非故意冒犯別人，那麼孩子也是。

更多時候，孩子開始對成人世界探索、模擬，父母需要陪他好好走這條路。有更多比髒話更需要關心的事，還有，嗯，自己得少說一點粗話才行。

心理師的心得

門診裡有個名校的高中女生，當我們每次進需要脫鞋子的治療室時，她都相當自在地光腳翹到椅子上盤坐，然後比手畫腳地跟我說生活大小事，當然啦，中間一定會夾雜許多幹聲，那場景我總覺得可以配高粱、小米酒，或花生、小魚乾。

我說「當然」，是因為國高中的孩子很少不飆髒話的（親愛的家長你心裡一定很清楚），只是不見得在你眼前說。尷尬的是，我們既希望孩子不要說髒話粗話，又希望可以跟孩子有說有笑，嗯，真的很難兩全其美。

有趣的是，只要孩子願意在我面前說粗話髒話，治療關係很少有不順利的，我想親子關係也會一樣。

06 孩子為什麼要說謊？

我遇到孩子會說謊的，幾乎都是基於信任的危機。

例如推說老師沒有發考卷、成績是自己塗改的、手機弄壞卻說是同學摔壞的、明明是自己跌倒卻說是弟弟推的。為什麼要說謊？我所遇到的理由是怕被責備、怕被唸、怕被懲罰，還有就是不想父母擔心、害怕父母不再愛自己、想得到大人的關愛等等。

如果孩子會說謊，大人應該先自問，為什麼孩子不敢在你面前說實話，為什麼孩子不信任你？

如果說實話的結果是不好的，那麼孩子幹嘛要說實話？如果說實話沒有安全感，也很難說實話。難道孩子不知道說謊是不好的嗎？當然知道，這是權衡之下的結果，是父母的態度讓他寧願冒險說個謊，安撫父母比當個誠實的孩子重要得多，或者還有其他原因，讓他寧願當個說謊的孩子。

一個8歲的男生在情緒量表中很誠實地在「我會對大人說謊」這一題，從「從不」、「很少」、「有時」、「經常」四個選項中勾選「經常」這個選項。我問，你對誰說謊？為什麼呢？

「我媽。因為我媽都不讓我跟我爸見面，我已經很久沒看到我爸了。」

「那你怎麼說謊呢？」我問。

「我偷拍我媽很醜的時候，我騙她我只是在玩遊戲，其實我在偷錄她，誰叫她要偷錄我爸……」

這孩子的父母正在打離婚官司，媽媽不願意他在爸爸家，於是把他帶離原本有堂哥、奶奶、叔叔、姑姑等熱鬧的家，和他另租屋在外，但媽媽自己又忙於打官司、工作，根本沒時間陪他適應這個單薄的新家。於是他恨恨地這麼說。

另一個14歲的少女告訴我，他把補習的錢全拿去亂花，然後在外面晃蕩假裝有補習，反正借同學的補習講義或考卷來掩飾一下就好了。因為父母硬是要她考高中，不讓她念職校。

「我就是不想念，補習也沒用，反正只要他們知道我就算去補習考出來還是很爛的話，就會甘願讓我去唸職校了。」她用說謊這個方式，來表達她消極無言的抗議。

每個說謊孩子的理由，仔細聽下來竟然有點心酸無奈的感覺，父母願意仔細聆聽孩子說謊的原因嗎？孩子多半是太在乎父母了，因為太在乎，所以只好說謊。唯有說謊才能讓父母閉嘴，自己也好過；說實話只會造成衝突，一點好處都沒有。

但身為家長，卻常常將說謊問題指向孩子，彷彿自己可以置身事外。

有個10歲男生因為一些行為問題被父母帶來，父母主訴他常和父母大小聲、頂嘴，情緒不穩定、起伏大，一點點小事就可能暴走、難以安撫。我與他單獨晤談，慢慢建立關係，心理評估做下來之後，診斷有兒童期憂鬱症的問題，甚至已經出現睡眠障礙。

沒想到告知他媽媽後，媽媽的反應竟然是：「他有沒有可能是騙人的，有沒有可能是裝出來的？」

我不能理解裝憂鬱症的「好處」在哪裡？更何況，憂鬱症不是用裝，就可以裝得出來的。

我忽然有股深深的悲哀。

為什麼大人就是不願意相信孩子？就算孩子說謊，如果願意相信他是另有原因而不拆穿他，能反思為什麼孩子不願對自己誠實的原因，我想他也會很感謝你的不拆穿而重新信任你。

說謊這個行為需要被矯正，但同時不能忽略孩子說謊的原因，十之八九都跟大人脫離不了干係，想想孩子為什麼會認為說謊話比說實話有用，這一定有想法上的誤會需要處理，如果不在乎你，何必要說謊。

說謊，終究是個和大人有關的問題。

心理師的建議

遇到孩子說謊時，很少人的情緒不是馬上上來的。

所以如果只能說一個要點，那麼我會希望我們能試著深呼吸，先控制好情緒，感受逐漸上升的腎上腺素，想想再繼續飆升上去會有什麼後果。想到這裡，我想我們就可以開口問孩子為什麼了。

如果不先控制體內這隻情緒怪獸，當下的責打都有可能讓孩子噤聲，永遠不再對我們說真實感受，除非我們事後加倍地安撫，而且不一定有效。

何必讓自己做這麼事倍功半的事情？如果你願意相信孩子的良善本質，相信自己愛孩子的心意，那麼就深呼吸，一起面對吧。

07 老爸的脆弱與堅強

身為現代的老爸可真辛苦，過去傳統剛強的角色如今已過時，老一輩的權威已不管用，新時代又還沒有足夠的典範可參考，屬於父親的新自我認同該是什麼？

最近剛好碰到幾個跟老爸交惡的個案，當事人一提到自己的父親，無不恨得牙癢癢，並非看不見父親的辛苦付出，只是付出總伴隨著殺傷力更強的情緒傷害。

一個女兒說，有一天接到多年未連絡的父親電話，說好久不見怎麼可以忘了老爸，應該出來吃飯聊聊。結果一見面，父親習慣向她倒情緒垃圾的毛病不改（這也是她不想和父親連絡的原因），從婚姻不幸福到工作挫折，到這個時代如何對不起自己，滔滔不絕，忘了應該「關心」一下女兒近況。

好不容易他終於提到，最近看醫生看得如何，她回答，我已經在做心理治療了。喔，好吧，於是自己又滔滔不絕地往下講。「也許他覺得反正我可以找心理師講，就可以不用聽我說了。」女兒無奈地回答。

吃完了這頓飯，下次要和老爸吃飯肯定會隔更久。

另一個兒子則告訴我，他無法與父親對話，父親對於子女該念什麼科系，該做什麼工作，甚至一個人該有怎樣的政治理念，有一套不可動搖的標準，他花了許多時間與之抗衡，說服、解釋沒用，只好反抗，過程十分辛苦。他告訴我：「我爸不開口時很可憐，開口後又很可惡。」

父親不再權威，現在的生活早已不是以前技藝傳承的年代，許多新事物根本不在老爸的知識範圍內，子女在知識上可以很輕易就比老爸強。但子女要的不是一個很強的老爸，而是一個可以依賴與信任的老爸，老爸能給的，是扎扎實實的生命課程。坦誠地和孩子分享你的生命，就算是失敗、不光采的過去，難道不能成為另一種教導範本？你的脆弱，難道不能讓孩子堅強？

暴走爸是我的晤談個案，年輕時開了一家公司當老闆，後來經營不善又負債，只好去工地當工頭，大約也是從那個時候開始就醫。

想當然，他無法適應自己不再意氣風發，老婆跑了，留下兩個不知道怎麼相處的女兒，他搬回家與爸媽住，爸媽嫌他工作不穩定連自己都養不活，他的自卑感又加深了與自己爸媽的衝突，所以經常暴走，有時在治療室談著談著就咬牙切齒：「他們瞧不起我，我真的很恨……」

由於暴走爸的怨氣很重，談了好幾次都是抱怨家人，自己身陷在那個情緒中無法自拔，我感受到留不住這個個案，因為他還沒想要改變，果然下一次的晤談他就不來了。

過了一年，我收到醫生轉介心理晤談的名單上又是他，心裡有點不安，他的怨氣形象還留在我的腦海裡，我很擔心過了一年，他的怨念累積像滾雪球，並進階成地縛靈。

沒想到我看到的他居然還蠻神清氣爽的，還能對著我笑，真是太意外。雖然依舊操勞滄桑，但不再那麼自怨自艾了，這其中一定有些故事。

原來是他的雙親紛紛住院生病，他感受到父母已經年邁，沒什麼比生命將盡更能讓人反省。他開始心疼父母，攻擊的火力大減，那份柔軟轉化成對家人付出的動能。他不再碎念女兒，開始發現身為父親的不足，想到自己從不曾為女兒下廚，即使廚藝拙拙只能煮出康寶濃湯加水餃之類的東西，但青春期女兒們意外地都很捧場，他的改變換來女兒貼心的回饋。

「有一次天氣很熱，我和女兒經過飲料店，她有在打工，看得出我沒錢，就很貼心地說：『爸，我請你。』連一杯珍奶都要女兒請，怎有我這麼沒用的老爸，唉……」

雖然他還是沒什麼錢，每日辛勤工作回家還得煮飯，但從以前倨傲敵意的姿態，到現在家人更願意靠近，得到的絕對比失去的多更多。

親愛的老爸，別再逞強，別害怕示弱，你的溫柔也會很有力量。

心理師的建議

門診的老爸們常常不知道怎樣表達自己的關心。

有個老爸打電話給我，問我要怎樣幫助來求診的女兒，該為她做些什麼？他的女兒已經大學畢業，正要開始飛，目前無法飛的原因，部分也與家裡有關。

我跟這個老爸說，先不用急著做什麼，如果以前為她設想許多沒有讓她更好，那麼應該換個方式讓她自己試試看。

我心裡想的是，老爸的問題不在沒做什麼，而是做太多，但這麼直說又怕傷了老爸的心。也許不是方式的問題，而是時間，時間會讓孩子想要的東西變得不同，以前欣然接受的，現在已經不再想要了。就像以前的你很堅強，但人不可能一直很堅強，有時的不堅強無損於老爸的地位，就讓自己像個老爸而不是鋼鐵人吧。

08 父母擺爛最難

父母總有很多為難，你知道孩子不是你，但孩子還沒完全變成他，這過程需要你。但，身為父母的我們除了生活照顧與自認該有的教養，他以後會成為怎樣的人、做怎樣的工作、交怎樣的朋友，就跟樂透一樣，結果未揭曉前都未定數。

當他會說「你走開」、「我不要」的時候，你得有心理準備：他已經成為他世界的主人，你變成訪客，甚至過客。你可以參觀，但請不要批評。

一個16歲的小女生告訴我她的心事，還有與男友剪不斷理還亂的關係。從她的口中，描繪出她老爸的態度。

你還那麼小談什麼戀愛？我管不動你也不敢管你，只能在旁邊窮緊張。談也就算了，那個爛人根本配不上你。

寶貝女兒啊，他大你五、六歲，做工的也就算了，交往了三年居然還劈腿數次，簡直是該死……。

最難的就是擺爛，明明想管，卻要忍住不管。

她想分手又下不了決心分手，我問：「那找個像爸爸一樣的男朋友如何？」她居然秒回：「那真的是太棒了，完美～」

一個15歲的小男生告訴我，他要去參加棒球社，因為他想要的朋友都在棒球社，唯有加入棒球社，他才會交到更多的朋友，班上的同學才會對他另眼相待。他很堅信這樣才是對的。

但從他的口中，我依稀了解他老媽的態度。

孩子啊，從小你的體育細胞就不好，你忘了你的平衡感有問題還上過感覺統合的課嗎？我知道運動的好處，不過你以為在棒球社就一定能交到好友，這樣你的目的其實不在運動而是在同學身上，如果社團同學跟班上同學一樣都不理你，那你該怎麼辦？

老媽擔心歸擔心，同意書還是簽了，就算擔心身體羸弱、個性內向害羞的孩子應付不來，也無計可施。

因為他媽媽的焦急全寫在臉上，剛剛想跟著進來聽聽我們說些什麼，卻又被我阻止在外，而我結束後一打開門，發現媽媽的臉幾乎貼在門上，唬了我一跳，原來她始終站在門外。

知道自己為人父母的影響力愈來愈微弱、愈來愈微不足道，子女有時看不到，你心裡很急，明明知道這樣不行，卻不能說，只能暗暗祈禱會有意外的收穫。

不去管，也是一種愛，不知道孩子能不能體會。

前述提到的那個女孩，晤談到一半時，她的爸爸忽然在外急敲門，我把門打開，爸爸先跟我道了歉，然後急急地塞了一條電源線給她，她接過來，門再度關上時她解釋：「本來想等晤談完請他帶我去賣場買條充電線，因為手機要充電時才發現忘了帶。」結果爸爸怕她手機沒電，就手刀衝去買了。

她把充電線放在桌上，看在眼裡，心裡頭很溫暖。爸爸不會說愛，也不說關心，但直接的行動她看得到，所以給了爸爸一個燦爛的微笑。

就算與孩子的交集愈來愈少，他在外頭轉啊繞的，像一顆沒有固定運轉軌道的任性小行星。偶而，也許會突然想到你的提醒，仍舊有機會轉回你身邊，希望你不改初衷地守護他。

擺爛不管，其實是世界上最為難的一件事。

心理師的心得

我還記得第一次讓孩子自己去坐車、自己單獨赴同學約的心情，七上八下已不足以形容，我擔心她坐車坐過站，手機又剛好沒電不能打給我；我擔心她找不到路，遇到壞人（同學家的男性通通是可疑的對象）；或者有莫名的怪叔叔問路……，直到人平安到家，懸著的心才可以放下，還好沒過夜，不然我肯定失眠。

長輩或其他沒孩子的朋友會取笑我，啊我們不都是這樣長大的？我大班時就自己去上學了，小學走路上學算什麼，我還自己搭公車咧。更狠的還會補上一刀：你太保護小孩了。

那不一樣啊不一樣，為什麼你們搞不懂現在的危險跟過去的不同？父母的心中在吶喊。等你們當父母之後就會知道了，做父母的也只能恨恨地說。

09 小心你的愛，太破壞

媽媽這個職務雖然不容易、雖然很有價值，但是，你絕不是只有當媽媽這一種價值而已，當孩子長大要飛時，你該怎麼辦？家人各自有生活重心與樂趣時，你又該如何過日子？

許多放不下的媽媽假借關心之名，仍維持情感依賴之實，用愛來綑綁孩子，這樣的愛，好沉重。

一個六十歲的媽媽來晤談，洋洋灑灑的多年就醫、住院、服藥紀錄。一坐下來就傾倒滿滿對子女的擔心。

「我擔心我大兒子，他本來工作很穩定，最近開刀行動不方便，工作快要做不下去，我怕我媳婦會吵著要離婚，他們以前就曾經吵過要離婚……，我小兒子當完兵之後就沒工作，整天在家發脾氣，還會跟我要錢……」

一個拉拔小孩長大的年邁單親母親，在辛苦付出那麼多年之後，仍舊放不下種種擔心，即使那些擔心她都幫不上忙，大兒子的婚姻、小兒子的工作，這些只能讓他們自己去面對的問題，我的個案全都一把抓來擔心一番。這些擔心非同小可，它們早就醞釀成心理的病，讓我的個案白天煩亂，恐慌無端發作；夜晚難以成眠，抑鬱痛苦。

我知道她還有兩個已出嫁的女兒，於是我問，你那兩個女兒呢？有該擔心的地方嗎？「沒有，對她們是沒有，不過她們都叫我搬出去不要跟小兒子住，小女兒說我可以去住她家，不過她那裡我沒辦法住……」

她打算避重就輕，只擔心她想擔心的部分。女兒過得好沒什麼用，敵不過對兒子的擔心。擔心，才是她目前生活的意義。

「最近我也跟女兒處不好，我為她帶小孩，做了那麼多，她還常常罵我，一直唸我。」廢話，我心裡這樣想，你對著女兒抱怨兒子，女兒們看出媽媽的盲點，唯一能做的當然就是叫老媽不要管兒子那麼多，見老媽執意不聽勸，難道火氣不會上來嗎？

女兒們盡其所能的在假日帶著她散心，要她別操心那麼多，只是我的個案執迷不悟，仍舊要以「擔心小孩」（應該是擔心兒子）為後半生的職志，到最後被兒子女兒嫌棄、嫌嘮叨，又要哀怨自己一輩子無用了。

她告訴我，小兒子最是令她擔心。那個無法搬離家的男人必須忍受媽媽不斷地付出與批評，於是他開始喝酒，酒後開始有暴力行為，我不禁擔心是否有一天會上社會新聞的版面。

身為母親最危險的是，陶醉在這樣的付出中還覺得自己很委屈，覺得自己應該被感激，氣孩子不體諒不懂事。其實，你的愛早已不是愛，還有恨與壓力。

有時候我會在門診遇到早就該來就醫、早就有精神症狀的年輕人，他們的背後，多有著過度關心與掌控的家長，例如孩子必須照著自己的標準來選擇學校、選擇工作，甚至朋友，而家長渾然不知自己的愛早就變成孩子的壓力，還在尋求一個外在藉口：有沒有可能是交到壞朋友？或者孩子個性太內向？學校環境……？

情感過度依賴孩子會造成幾種破壞性的結果：第一種，無法逃離、順從的孩子變得無法獨立，造成兩方病態共生的情況，孩子繼續依賴以逃避面對未來，母親則繼續提供逃避的空間避免孩子離開自己。第二種，有自覺、想自立的孩子用決絕的方式逃離，卻懷抱罪惡感，也擁抱著孤獨。不管哪一種，你與孩子的心皆有可能生病了，要花許多時間療傷。

你的價值不只是當媽媽而已，還有身為你這個人應有的價值。想想如果孩子大了，你的義務已盡，可是你沒有屬於自己該追求或想追求的事物，空虛之餘必定想繼續綑綁著子女，兩敗俱傷。

照顧孩子不是照顧小時候的你，孩子沒必要達成你過去未完成的理想或目標。孩子是你選擇承擔的義務，他有自己的生命，你的愛不該變成孩子的負擔。

當現代人愈活愈長壽，孩子愈來愈少。當台灣已進入高齡社會，半數以上縣市的老人比小孩還多時，我們該調整的是，找出自己除了養育孩子以外的存在感與價值，育兒的階段性任務完成之後，你還能做什麼？試著活出屬於自己的價值，別讓愛變成破壞。

心理師的觀察

一個女人的價值是什麼。

我相信現在社會仍舊有許多女人無法思考沒有老公、小孩的光環後，自己還剩下什麼，但這絕對值得想一想。

那些所謂律師娘、醫師娘，通通是另一半的專業而不是自己的啊，我不知道這有什麼好驕傲的，值得羨慕的應該是附帶的社會地位吧。但說得極端一點，醫師、律師本人不會換，××娘卻可以換。

一個朋友在嫁給醫師之後過著養尊處優的生活，常換不同地點下午茶，互動的話題侷限在孩子與老公，以及要讓孩子念哪個升學率高一點的學校等等。我無法與她對話，因為除了這些之外，我無法和她聊社會議題、喜歡的書與電影、興趣與嗜好、未來想做的事。

她總說，只要我老公需要我就好了啊。看盡許多家庭樣貌的我心裡會浮現「真的嗎？你有多確定這件事」的疑問。

我無法談不屬於自己的成就，也無法談自己無法控制的事，例如孩子的學校、老公的工作、孩子的工作、孩子的對象……，因為這些是我只能努力、無法主導的事情，我怎有權力主導不是自己的人生呢？

我也無法和沒有屬於自己興趣的人做朋友，把經營他人的人生當成興趣或畢生志業的人，沒有屬於自己的靈魂，我沒辦法與之分享並從分享中得到成長。

在沒有屬於自己的靈魂之前，別再輕言「為孩子好」了。

10 這是我的雞腿飯！

這位兩個孩子的媽媽為教養和與先生相處問題而來，她聰明幹練，當小孩稍大一些不用全日照顧時，她試著發展自己的小小網拍事業。

那些屬於日常的煩心就不必說了，當我們提到「愛」這個主題時，網拍媽表示，她想學習如何感受到別人的愛，於是我想，要感受到別人的愛之前，得先覺察自己有沒有感受到愛的能力，反思自己付出的愛有多少。

自己付出的，就叫作「愛」嗎？她有些困惑，不知怎麼，我們聊到了便當。

網拍媽說：「就拿昨天來講好了，中午我沒煮而去買便當，我先想到我家最挑吃的人，我老公，先買了他會愛的，然後再買兩個小孩的，保險起見我挑了3個他們可能會想吃的，如果有一個不喜歡，那至少還有一個可以選，我就吃他們挑剩下的。」

從小事可以見真章。她總是只顧付出，覺得是應該，而讓家人也覺得很應該。她的體貼，也許讓她的家人恣意索求。

我說：「這不就是你對家人的愛嗎？」

她說：「是嗎？這樣就是愛嗎？這不就是應該的嗎？」

如果這樣不算，那怎樣才算？也許她認為，這就是身為母親的責任，沒什麼愛不愛的。她的成長歷程並沒有得到父母的關愛，所以，愛這件事對她來說要有粉紅泡泡，要有親吻與微笑，那種柴米油鹽、不浪漫的事能叫作愛嗎？

我跟她提到我前幾天也買便當的事。

「我先挑了烤雞腿便當，因為我想吃，然後我再買兩個蛋包飯，因為兩個小孩都喜歡蛋包飯，另一個就隨便買，反正我先生也不挑。之後回到家裡，打開來要吃，小孩看到我的烤雞腿很好吃的樣子，都說要跟我換，我說不要，你們兩個人要怎麼跟我換？然後她們就說，那拜託給我咬一口……」

「我說當然不要，你們兩個一人一口，那我就沒得吃了，乖乖吃你們的，等下次我再買烤雞腿，然後，我就嗑掉雞腿了。」

她嘴巴張得很大，一副不可置信的樣子，可能在想我這個媽是怎麼回事：「你，你敢這麼做喔……」

為什麼不能這麼做？我吃掉我的雞腿不代表我不愛她們，因為蛋包飯比較貴，而且我的愛比雞腿值錢多了。屬於我的雞腿，就算王母娘娘拿蟠桃跟我換，我都不會答應。

如果我煮了整隻雞的雞湯，我都會先交代家人：「有一隻雞腿是我的，剩下的你們自己去分，誰叫這隻雞沒多長兩隻腿。」遊戲規則說清楚，一切就好辦事。我不願意做個吃剩食的老媽，讓家人不懂得感恩。

我接著問：「你中午想吃什麼？現在就想，然後告訴我。」晤談結束時大概12點，她應該是一個人吃飯。

「……，我，我想不出來耶。」

這麼簡單的問題，她居然想了超過5秒！這問題真的太嚴重了。

因為想不出來的短暫尷尬，她開始岔開話題：「我有想過，如果要對自己好一點，我想去吃吃看台灣的米其林餐廳，因為國外的去不了，至少台灣的有辦法。」

「自己一個人嗎？」

「不是，我沒想過要一個人吃飯。」

我好想拿整本病歷敲她的頭。今天中午該吃什麼都不敢為自己設法的人，卻將夢想高築在有人陪伴的米其林！這難道不是在反應她關於愛的盲點嗎？

愛無處不在，並不藏在天上、彩虹雲端裡，而是結結實實地實踐在柴米油鹽中、在生活中，其中當然包括了愛自己。我少不了很溫和地唸了她一頓，要她下次來的時候，至少告訴我為自己準備了什麼好料。

她懂我的意思，離去前喃喃地說：「好的，我想想自己等等吃什麼，想吃什麼……」希望她趕快找到屬於她的雞腿飯。

心理師的建議

當父母當到失去自我，是所有盡責家長的困境。

不知道什麼時候開始，我們沒有睡到自然醒的自由，假日理所當然的全留給小孩，姐妹淘與同事不再找我們聚餐唱歌，因為我們總是說沒空。久而久之我們成為孩奴，犧牲自己也就罷了，更糟的話就會像上述「愛得太破壞」的家長，連孩子也犧牲了。

雖說這一切都是愛，但不夠愛自己跟丟給孩子不想要的愛一樣不可饒恕，我們怎能假愛之名，去做有違身心健康的事？在醫院見多了中壯年的父母身心早早出狀況，心中雖然不忍卻也有些生氣：日子還長著呢，提早把自己操壞了，還要年幼的孩子照顧你嗎？

如果我們夠愛孩子，就會連同自己的份一起愛，別找藉口了，請對自己好一點。

11 親愛的，不是滑手機就會有外遇！

當手機已是人生必須、全民運動、老幼皆同的時候，手機背負精神外遇的罪名也就跟著出現了。

FB與LINE上各種社群暴增，許多八百年沒連繫上的朋友，生的熟的一夜之間通通可以連繫上了，朋友數一夕間爆量，同學會、飯局邀約紛紛出籠，訊息的叮咚聲不絕於耳，好不熱鬧！

但當夫妻關係已經處於僵局時，手機就有可能讓表面和諧破局。門診時，有位個案太太這樣告訴我：「先生平常連話都懶得跟我多說，聊天？更不可能。但看手機、講手機就很起勁，還一邊回，一邊笑咧～」

太太說得咬牙切齒，露出恨不得將先生手機摔爛的模樣。看著先生一個人拿著手機痴痴地笑，怎能不燃起一把無名火？

「這也就算了，別的女人還會傳那種美肌照，有夠假的他居然也按讚，哼！」

「他以為我不知道，有一次他手機放茶几上，訊息進來時我拿起來看，這不算偷看喔。結果別的女人居然在LINE跟他搞曖昧，在打情罵俏，真是誇張，氣死我……」

這位太太已經好幾天睡不好，煩悶憂愁。雖然婚姻也不怎麼樣卻也無風無浪，但當先生開始進入網路社交圈時，生活單純的她無法接受先生的精彩居然是在家門之外。

手機裡是別的女人的照片，笑話是對著別的女人說，自己就只適合這樣無趣的生活，「手機裡都沒有我的獨照……」太太流下眼淚。

在休息空檔時，先生把我拉到一旁：「我太太真的太敏感了，不過就是幾張照片、幾句打屁的話，何必當真。」他覺得很無辜。

「網路的東西怎麼能當真？大家也都只是線上熱絡而已，真要見面也不容易，而且大家都這樣傳來傳去的，這實在沒有什麼。心理師你有在用社交軟體你就了解吧，我太太對這些都沒興趣，我要怎麼跟她說？」

我雖可理解先生的無奈，不過先生不是我的個案，太太才是，而且太太還因此來就醫，問題可不是一句「網路虛擬何必認真」就可以帶過。

想想個案的心情，看到先生的笑不是對著她笑，有活生生的家人在旁，而先生卻抓著手機不放，這樣誰受得了？

更往下細想，太太會覺得先生變了，原來這些年的婚姻是這麼薄弱、缺乏樂趣，抵不過一支手機。

但我不打算因此和個案一起責怪先生，那對問題一點幫助都沒有，而是與個案澄清，手機不是你拿來蒐證通姦的證據，而是讓你檢視夫妻距離的工具。已彈性疲乏的婚姻，沒了浪漫，沒了愛的感覺，難道沒剩下什麼？只剩下大眼瞪小眼跟抱怨嗎？看看這個你辛苦經營的家，讓先生有足夠的安全感和別人打鬧，渾然不知老婆大人已經開始火大。這是不是在提醒你，付出不是無條件的，收受的一方至少該有相對應的尊重。

你有秀出你的底線，跟先生明說不能無視於你的存在，恣意與人調笑嗎？還是你擔心那麼做會顯出自己太過小氣，寧願忍住氣，把委屈吞到肚子裡？

在希望被重視之前，你認為自己值得被重視嗎？如果自己都不這麼覺得，那先生又憑什麼該珍視你？

或者這一切只是誤會，就像那位先生說的，這只是網路世界的一場遊戲，看戲的人別太認真。

不管先生的意圖為何，是否心癢癢的在為外遇暖身，我仍舊希望把問題焦點拉回到夫妻關係身上，手機裡的幻象終究會和現實脫節，但是你與這個家的真實感是不可能抹滅的。

滑手機不等於外遇，但當生活只剩下滑手機時，外遇的可能就無處不在。為自己做點什麼吧，做一些理直氣壯、開心、想做的事，交屬於自己的朋友，擁有自己的群組與世界。到那個時候，不管是誰的手機你看都懶得看，至於裡面有什麼，就不再重要也影響不了你了。

心理師的建議

手機問題不只出現在親子關係，也干擾了夫妻關係，然後又回過頭來干擾親子品質。

如果手機的互動混淆了你與另一半的關係，那麼你的孩子也會有同樣的困境。必須從自身做起，了解網路人際與現實人際的不同，你有義務分辨網路上的打情罵俏之於現實有何不同，了解人在什麼情況下會從不滿足的現實人際遁逃於網路，這樣和孩子面對虛擬的種種問題時心裡就有數：只有從真實的互動中才能得到滿足，離開那個小方塊機器後，你以為很受歡迎的網紅其實很寂寞。

只有透過自己的體會，我們才能把手機當成維繫感情的工具，而不是被手機所綁架、利用。

12 開學了，然後呢～

開學了，千百種滋味交纏。

身為家長的你一方面歡呼，喔耶，終於開學了，全都給我滾進學校裡吧，暑假惡夢終於告個段落了。但同時又有一種淡淡的、微微的落寞與失落，尤其是望著他們似乎又長高了些的背影。

每到開學時節，臉書上總是有做父母的送新生入學的惆悵心得：本來以為這小子會啼哭耍賴之類的，沒想到居然連再見也沒說，頭也不回地給我跑進去了……。

心裡還沒有準備好的，其實是爸媽自己。

那麼大一些的孩子呢？他們更獨立，更有自己的想法，每過一個暑假，身長又抽高了一些，爸媽嘴巴上說想趕去學校，實際上口是心非，有更多捨不得，捨不得孩子就此愈離愈遠。

而且，暑假漸漸地變成把孩子留在身邊的藉口，唯有這個時候才能名正言順地要「帶他出去玩」，而且讓他不必老跟朋友廝混：「你不要老跟同學約啦，同學也要和他家人過暑假。」看，多冠冕堂皇啊。

過完暑假，他（她）更想飛，早餐甚至說要帶去學校吃，放學後跟同學去吃飯，然後直接去補習，連一點時間渣滓都不留給你。

「你會永遠愛馬麻嗎？」做媽媽的好沒有安全感。

「當然會啊。」

「你會永遠給我親嗎？」開始耍幼稚。

「會啦會啦。」開始不耐煩。

「那麼現在就給我親一下。」

「不要，外面人那麼多，回家再親啦～」

回家之後完全要看心情，大部分的時間都在自己的房間裡，你的那點微末請求早就被他拋到九霄雲外，膩在身邊的時間愈來愈少，而你，盯著客廳的電腦，看著他們小時候照片的次數則愈來愈多了。

孩子是一點一點地長大，但做父母的不願看見（或是不想承認），直到他們換新的名牌，編入新的班級，換一所新學校，父母才會驚覺：天，小孩「突然」長好大喔。

長大了，小手不給牽了，連臉蛋都不再刻意靠過來給親親了。

可是，你好想繼續牽他粉嫩的手，即使這雙手已經可以蓋過你的手，你很想趁他不注意時、趁他專心在講學校的事情時偷親他的臉，可是他好警覺，眉頭一皺，馬上就把頭別過去了。

你很清楚，他開始長大，漸漸的不屬於你了，雖然難以接近，但你花了大把青春，甚至還下意識捏捏已經乾癟的荷包，把一個嬰孩拉拔到人模人樣，心裡想，其實還蠻有成就感的。

開學了，階段任務即將完成，從現在開始不可以把自己和孩子綁在一起，孩子也已不給你綁了，那是不合理也是不健康的，那該做什麼呢？

1. 一定要讓自己有不含小孩的生活重心。把自己寄託在孩子身上對自己跟孩子都不公平，他不是你的傀儡，也不是你夢想的替代品。

2. 生活重心不一定要拼命進修上課，若自己不能全心投入樂在其中，這些也只是另一種生活任務罷了，難道平常的任務還不夠重、不夠多嗎？追劇、瘋桌遊、抓寶可夢，又有何不可。

當開始有了自己的生活重心之後，你有不一樣的快樂，那是一種付出之後很坦然的快樂，心安理得。

心理師的心得

每個開學階段都在提醒為人父母，你的階段性任務又完成了一小步。

若不這樣提醒自己，那麼當孩子某一天翩然遠去時，你會有多失落，而且回頭看時更茫然，不知道該為自己做些什麼。所以不如從每次的開學來提醒自己，當育兒任務變輕鬆時，也表示面對自己的需求這件事愈來愈不輕鬆。

當台灣漸漸步上日本超高齡社會的腳步時，如何照顧自己的老後變得重要。工作可以退休，生活卻不能退休，我們要如何讓自己保有活力與興趣，不去巴望兒女來填補心裡的空洞，是每個開學日都需要一點一點思索的問題。

13 暑假，對大人的意義

大人哪來的暑假？也許你這樣想。

但你很難不被影響，孩子從規律生活中暫時解脫到無政府狀態，晚上要催半天才肯上床，夜晚比大人還美麗；早上叫破喉嚨還捨不得醒，美容覺睡得比大人還徹底。

照這樣看來，大人對暑假絕對有感，只是感受到的是夢魘。

你抱怨歸抱怨，但很難不順勢而為，打起十二萬分的精神規劃暑期活動，上山下海，知性感性隨性索性通通來。

這是另一個母難日，各行程、飯店約好似的同時漲價，不僅如此，所有的展覽、活動，也都約好似的同時舉辦，人潮跟土石流一樣銳不可當，揮汗如雨的父母被非去不可的小孩拖著走。

當孩子跟我說「好想去看那個動漫展覽」時，害怕排隊的我忍不住哀號：「你非得要這時候去人擠人嗎？」哀號歸哀號，我還是盡心做了孝女，特意請了假陪著兩隻去排隊，那少數熱門的幾個攤位擠滿了大小屁孩，人龍長到看不見底，半個小時能排到已經算幸運，中間還夾雜幾個表情無奈如我的父母。

如果你身為工作中的父母膽敢不請一些假完成暑假使命，那麼這個班一定上得十分掛心：擔心沒有營養午餐的小孩肯定會餓死，或者不知他會跑到哪裡閒晃、認識什麼奇怪的人、遇到什麼不可知的危險……。

你不只是想讓他的暑假作業有東西可寫、有照片可交差，還希望他可以盡興地玩、可以快樂，你搞得比平常還要累，他（她）的暑假成為你的任務。

所以出遊變成必然，上班地點從辦公室換到戶外，你同樣很累（甚至更累）、很警覺，兩隻眼睛緊盯著，害怕在下個路口一轉彎他們就會走丟；擔心他們在外地生病；擔心他們受傷；擔心趕車來不及；擔心小小人會喊累、體力不夠，到不了下一個景點。

但你們之間會更放鬆，有更多的玩笑，他（她）會忘情地挽著你的手（你都忘了你們多久沒手牽手），聊著許多話，然後你終於知道他最喜歡的偶像是誰，知道他喜歡的穿衣風格。

你們曬更多的太陽，流更多汗，你忙著塗上一層層的防曬霜，擔心自己的老人斑會愈曬愈明顯。孩子曬到有些脫皮，卻感覺更健壯結實了。

當然，孩子也會滑手機，但那不再是自顧自的獨樂樂，而是願意分你一個耳機和你共享他的音樂，讓你看最新下載的ＭＶ，也許更願意和你合照，擺出難得的甜美笑容，甚至教你要怎樣自拍才會顯瘦，哪個角度才ＫＵＳＯ好玩，你這時才知道拍照裝可愛不一定要比ＹＡ。你跟孩子敘說這個城市的歷史典故，他看似漫不經心但居然能夠聽得進去，甚至把他課本上學到的回應給你，你好訝異他居然比想像中用功，而且他的台灣史比你的中國史還強。

如果有幸遇到夏季大減價，也許你們還一起血拚，你喜歡他給的意見，小孩子的直覺總是強得可怕。

雖然暑假結束後，你累得要死，一切終於要回到正軌，還會收到數字很可怕的信用卡帳單。但，唉，不要細看不要去想太多啦，反正一切都值了。

心理師的建議

暑假是讓孩子重新回到身邊的日子。

我不認為非得參加什麼營才是過暑假，那麼那些沒能力花錢讓孩子去參加的家長該怎麼辦。但現在似乎形成了一種扭曲的氛圍，好像非得幫孩子安排些什麼，暑假才會過得「充實」。

充實是大人說的不是孩子說的，要孩子認為的充實才算數，如果你認為花錢去參加外面的課程是為了孩子好，又不免犯了一廂情願的毛病。在不勉強自己經濟能力的情況下，也許孩子更願意跟著你，即使不出國不旅遊，但你們會花更多時間游泳、打球、一起做家事。

但我們大部分的時間要上班，孩子無所事事難免喊無聊，於是我會幫她選幾本書，要她上網去選喜歡的影集。我推薦的書她不一定感興趣，有時候她會跟我說，那本好無聊，我自己去找的這本比較好看。

有機會無聊的暑假，她培養了挑選書本的能力，也漸漸形成自己的品味，我覺得很值得。

14 不需要偉大的母親節

這篇是寫給無法過母親節的人看的，在這個「應該」要感念的日子裡，對有些人（包括我）來說，這是個充滿沉重記憶且不太願意回想，可以的話想直接跳過的日子。「應該」是個危險的概念，如果你舉得出N個母親慈愛的例子，我就能同樣舉得出N個母親不慈愛的例子。

這些母親不是不想慈愛，而是自己的內外在狀態已經相煎熬到自顧不暇，沒有愛可以給。也許傷人的母親當年也是受傷的女兒，她沒有機會修補這些傷口，只能繼續往下走；或者她與先生的衝突，讓她無法去愛兩人共同的小孩；又或者她自己有一些懸而未決的壓力與破壞性情緒，讓她帶入了親子關係中而不自知。

有個女兒告訴我，大家都說她的母親能幹聰慧，但身為女兒的她只想逃離，唯有這樣，她才有辦法做自己。

有一次我在晤談室見到她的母親，想談談她這陣子的進步，諷刺的是她的進步是在離開母親很多年之後才開始的。

母親正如個案形容的練達，十分滔滔不絕讓我一點都插不上話，滿口都是只要她好就好，卻無法停下來傾聽女兒真正的需求，執意按照自己的標準走，無法放手。於是我學會和她的女兒一樣，只能靜默與無奈。

這些故事不是只在精神科看到，更多驚人的例子是來自於身邊朋友的故事，來自於那些看似無風無浪的「正常」家庭。

當我的母親癌末入住安寧病房時，我腦中就開始醞釀書寫有關「母女關係」議題的書，她隨時會走，箭在弦上不得不回顧，即使到現在，我的生活中仍處處有母親的影子與影響。

母親的醫療照顧從頭到尾都是我張羅的，她把股票資料交代了姐姐，把存款與密碼資料託付了弟弟，卻什麼也不願告訴我，我是個無法被託付的、已經嫁出去了、被遺棄的女兒。

那時像是關係中的五胡亂華，動盪不安的狀態，讓我極想找個可以整理這些感受的機會。等到母親去世，舊朝代結束，我的內在革命才正要開始。

當我開始收集身邊朋友的母女關係故事時，才發現原來有那麼多女兒需要跟我一起被療癒，她們一邊說著自己的故事，一邊哭著說如何想接近自己的母親，卻被自己的母親愈推愈遠。

母親只是一個普通人，不要讓她變得偉大，她有她的脆弱與堅強，她的愛是出自於她有能力可以給的程度，除了她的子女之外，其他人沒有資格可以評論，更無須靠獎狀來認證。

我無法責怪我母親，因為她在一個傳統大家庭中背負著長女的包袱長大，犧牲了自己的學業，沒有人給她足夠的關愛。所以她在提供了功能性的物質滿足子女後，其他的也不知該怎麼給。

當我也變成母親之後就時時反省，自己不想要的，也絕對不要給女兒，不把應該當應該，我們這些過去的子女、未來的父母才能戒慎恐懼，做好每一天的角色，同時對於自己的父親或母親是慈愛的感到珍惜。

慶幸的是不管父母慈愛與否，原生家庭對我們的影響並非一輩子牢不可破，成長的過程有很多學到教訓、經驗的機會，然後漸漸修正為想要的樣子。

認清家人的愛並非對等，甚至是無愛的事實，我們才不再冀望。如果我們對於「家」的概念不再如此執著，是不是就不會再有執著的痛苦，可以按照實際的、想要的方式來過，擺脫束縛得到更多自由。

心理師的建議

母愛不一定偉大，也有許多人有母親卻沒有愛，因為有許多理由導致母親並不在身邊，或者母親自身的問題導致沒辦法去愛，但這並不表示我們會因此缺少愛。

不要把愛的定義狹隘了，認為只有父母的愛無害，外人的愛就不是真愛，如此便會遮蔽我們觀看以及尋求愛的能力。我也見過許多非親人更甚於家人的愛，那時你真的可以相信人類可以如此無私，從此也願意對人性懷抱一絲希望。

我們無法假設別人的人生都和自己一樣，得試著學習尊重別人的人生。就像母親節的感恩活動，許多學校已經不侷限於母親而類推到「最想感謝的人」，不讓學生為難，就是一個很貼心的舉動。

15 迷偶像，沒啥好擔心

在我與青少年晤談的經驗中，有些學生表示父母並不支持他們迷偶像，都得偷偷摸摸進行：因為老爸反韓（反中或反×）不敢提、因為爸媽不喜歡……。一般狀況是，不反對就不錯了，哪還敢明目張膽、大聲嚷嚷？這讓我想起有些管教「極致」、十分盡責的家長，電玩不給玩，電視不給看（還以家裡沒電視沾沾自喜）。迷偶像？更是荒廢學業，不務正業！

難道你的追劇不是一種著迷？支持某政治人物，喜歡看某運動明星、某藝人，喜歡限量商品的果粉（指蘋果系列產品的粉絲）、米粉（指小米系列產品的粉絲），收集公仔，這些難道不是一種著迷？為什麼你可以，孩子不可以？

因為，我是大人我懂得控制，但孩子不行！

親愛的父母們，讓我們來檢視一下這些理由會不會太薄弱？

奇裝異服？其實只是你看不順眼。衣著髮妝跟功課的關聯性到底是什麼？想想你當年為何要把好好的制服拿去修改？為何要夾好幾根髮夾來掩飾燙頭髮的痕跡？

荒廢學業，不務正業？這話更不知從何說起，如果跟學業沒有直接相關的通通都要禁，那麼人生大概活著也沒意思了。

電視上那些迷哥迷姐的尖叫不也似曾相識嗎？不也曾經是自己青春的一部份？

物換星移，這次換成跨國藝人，衣著打扮是你怎麼想都想不到的可怕造型，男不男，女不女，你無法接受超出你理解範圍的事物，於是固執地想捍衛原來的江山，然後，你成為孩子眼中可厭的大人。

你不想了解他的喜歡，於是他也很難再喜歡你。

如果你曾經在你那個年代的電視台外站過崗，堵過某明星只為了拿一張簽名照，排了很久的隊只為了買一件偶像代言商品，你就會懂孩子的心情，那是一種很單純的熱情，很想追尋某種理想的樣貌，即使還不確定那是什麼。

有個朋友是那種會陪女兒搶演唱會門票的媽媽，我從來沒聽到她說女兒很叛逆什麼的，都念高中了還願意時不時牽著老媽的手，很令我嫉妒。

當加寶開始迷某韓團時，我常常被嗤之以鼻說你什麼都不懂，不看韓劇不哈韓的我是不懂，也沒空去搞懂，那7個、10個一組的年輕男孩怎麼看起來通通長一個樣，加寶很生氣地說：「怎麼會一樣？我的金○○是裡面最帥的！」

好好好，以後我叫你金太太行不行啊。加寶白了我一眼，但嘴角帶笑。

自從我大發慈悲，替她弄到一張有錢也買不到、有她偶像團體表演的跨年演唱會門票，我在她心中立馬改觀，成為一個頗上道的老媽。她開始很有耐心地「指正」我，這個團體跟那個團體是不一樣的經紀公司，這個團體是7個人，那個團體是11個……，這麼多人是要老娘怎麼記啊，於是我邊聽邊忘，有時是靠著髮型來辨識她的金○○，但髮型一改，我又認不出來了，然後繼續被加寶唾棄、取笑。

不過接下來可就不同，如果看到她老媽又掛在網路上淘寶，就會說：「媽，幫我看有沒有金○○同款外套～」

我不知道未來和她們有多少交集，但至少她們現在有被理解的感覺，你尊重他（她）的喜好，不批評，甚至可以支持與欣賞，他知道你挺他，你贏到他的心，怎麼算都是賺哪。

心理師的建議

自從被自己的孩子充分「教育」過後，我對時下年輕人的流行文化有一咪咪的了解，至少當門診的孩子說她喜歡BTS（某韓國天團）時，我會說：「喔，你是ARMY（BTS粉絲們的自稱）呢。」然後，她就會瞪大眼睛，用眼神訴說我很上道。

這就是為什麼我們這些外人會知道連她的父母都不知道的心事，因為我尊重她的喜好，不隨便給好惡評斷。我對於我不知道的手遊、動漫、偶像團體等願意虛心地請教他們，因為我真的想知道。

也許我什麼也沒做，只是有傾聽的誠意，就能讓晤談順利地展開。親子關係也沒有理由做不到，就算沒有話題，至少有想法的交集。

16 父母堅持，孩子才能改變

有人也許誤會我是尊重孩子（也許還放任過了頭），和孩子有商有量的。錯，錯，錯，我是最機車的阿木，至少在上學這件事情上。

拒學的孩子不少，拒學的背後一定有原因，與父母相處的問題？與同學相處的問題？當然要盡力找出原因，發生了什麼特殊事件，或者孩子在想法上對什麼有所誤解，不論如何，找原因的同時可不能用不上學來當藉口，意見可以表達，學可不能不上。

一個和我一樣，也是家有國中生的媽媽，很苦惱女兒這學期開始不想上學，說是受到同學的排擠，不願意去。

這個媽媽有著良好的氣質與教養，表達溫柔，說話輕聲細語，只是無法駕馭這個想法很多不願說、情緒更多的怪怪小女生。她拒絕多說與某些同學交惡的細節，只說不要上學，有一次好不容易半哄半騙去上學，結果在上學的途中作勢要開車門，有跳車逃亡之虞。

氣質媽嚇壞了，從此不敢勉強孩子上學，完全隨她的意思，她想去就去，不想去也就不去。只是不去的次數變多，連老師都覺得這樣不行，於是要求她不想進教室至少要進學校，人在圖書館或輔導室皆可，小女生也不十分抗拒，還算能勉強配合老師要求，至少每周來3天。

只是，這樣下去又不是辦法，在學期過了快一半時，氣質媽來問我該怎麼辦。是否要幫她轉學，或者，讓她申請在家自學？

我不想這麼建議，我不想在還沒有盡全力之前就給她退路。對，我覺得氣質媽並沒有盡全力要改變，還沒火力全開督促孩子，她太顧忌孩子的反應，以至於綁手綁腳什麼事都無法做。

我感受到這小女生很有力量，雖然力道不對，但她很努力的用行動表達內在情緒，並沒有放棄對自己的關注，能夠用很強的力道來表達自己的要與不要。

小女生並非不能改變，在老師的介入下起碼還能不甘不願地來上學，即使有時還是沒進教室，但至少做到了老師的要求。

與老師角色相對的是，身為母親的角色反而出不來，過度遷就孩子的感受，就算讓你贏得了民主的美名，卻容易失去教養的權力。

孩子很多時候都不清楚自己要什麼（只知道不要什麼），有時也徬徨無助，只能憑直覺行事。而怪怪小女生面對自己的情緒只是很直接的出來，她需要有人帶領，讓她朝向積極、有建設性的一面。

於是我們討論如何一方面處理可能是關係霸凌的問題，一方面漸進式地堅定孩子必須不中斷學習的立場。小女生並非沒有朋友，只是太在意對她不友善的少數人，這時，讓她認清友善與不友善的比例是很重要的。讓她知道，不需要為了少數幾個同學的觀點，影響自己的心情。

我比較在意的是媽媽的態度，面對這樣強大的孩子，自己也必須變得強大才能跟上腳步，把屬於媽媽的角色與權力拿回來，讓孩子知道你的堅持與用心，否則在一味退讓下，孩子一感受到有退路，就很難進步了。協助孩子展現能力，將其力量導向有建設性的方向，學會對自己負責，是現代家長需要不斷自我提醒，並與孩子一起成長的。

某天早上上學前。

「媽，我今天要帶小黃瓜，學校說要做三明治，我分配到帶小黃瓜。」

挖哩勒現在才告訴我，我管你五四三：「你現在才講叫我哪裡去生小黃瓜？講過幾次要我準備東西要提早說！不管，你就給我直接去上學！」然後就通通趕出門了。

看著她癟著小嘴、失望離去的背影，我的罪惡感……，一分鐘後就消失無蹤了。

心理師的觀察

關於教養，我並沒有該嚴格或該寬鬆的偏好，兩種方式都有可能教出好孩子，也可能養出失控叛逃的孩子。

我以為其中的關鍵是態度，不管是什麼教法，都得讓孩子知道為什麼，或者是這麼做的理由，因為孩子有權利知道。

例如，想要嚴格，但那種「不要問為什麼，反正以後就會知道」的打迷糊仗說法，絕對無法讓孩子服氣；想要寬鬆，但幾乎不管教、不去約束，孩子不見得有開心的感覺，反而可能有「沒有被關心」的落寞，而你的那些用意苦心並沒有被孩子看見。

拿出屬於父母的態度與角色吧，讓父母更像父母，不清不楚的態度只會讓孩子無所適從。想怎麼做，就讓孩子知道為什麼，你和孩子可以各就各位互相搭配，找出合適的節奏。

Phone 2

臨床心理師的手機世代

前言

以下這章是我與孩子互動的生活樣貌，屬於心理師的生活哲學。這並不理論，也不是一味照書養，我身兼多種角色，並讓專業融合在生活裡。在親子互動的想法與做法，心理專業與現實生活到底有沒有差異？心理學有多少東西可以在生活中實踐、得到益處？我想與其說是照著書本養孩子，不如說是心理學的知識可以讓我反思自己的樣貌，讓我不要犯重複的錯。

有朋友對我與先生的工作身分好奇，在臉書上問我：「不知道兩個學心理學的夫妻吵起架來是什麼樣子？」我的回答是：「就像兩個完全沒學過心理學夫妻的樣子。」引來許多朋友的按讚。

我想養育小孩也差不了多少，下班之後我罵小孩的模樣，也就像一般母親會有的樣貌，既不特別理智，也不特別抓狂，有時候也會按捺不住性子直接發飆，小孩也沒因此離家出走。

這只是一個育有兩個小孩的職業婦女的普通生活，和許多母親一樣。所不一樣的是，我的工作是協助有適應困難、在生活中遇到不同困境的各個人家，讓他們面對問題並找到因應的方法，所以那些共同的生活經驗就顯得重要，我既能理解母親的辛苦，也懂孩子想要的是什麼，除了理解傾聽，還必須找出解套的方法，每家不一樣，每個人也要量身訂做。

這是對我、對工作，與對個案三贏的局面，我的知識背景可以自助助人，而其他家庭的困境與努力改變的故事又激勵了我，啟發更多思考、增加臨床經驗，而這些不斷累積的實務厚度又能幫助更多家庭。

我與許多父母一樣都在做中學，只是我佔了一點便宜，除了自己受益外也有機會分享給更多人。也許我的教養方式有許多的不完美，比大家預期的專家還不專家，不過我盡量做到坦誠與直接，盡量做到表裡一致，無法接受的、想和孩子說清楚的就不會假裝很民主，目前為止效果也還不錯。說不定這才是學心理、教養的人的真實面貌，不刻意扮專家，也不刻意強調成功經驗，親子互動是許多挫折與美好交替出現的過程，我如實地反應、分享我的心得，希望各位也能從中得到幫助與靈感。

01 我與孩子的網路課

要和青春期的孩子有共通的話題，真的是難上加難。不是我不想談，而是她覺得跟我談沒意思，聊偶像、聊藝人我皆不熟，聊青春話題我也太老。

孩子想要的對象是，不必解釋太多就可以有的默契，可以一起尖叫大笑，可以一起大聲談論，你一言我一語互相搶話很熱鬧，而不是只能告訴一個門外漢，就算這個門外漢也很想聽。

於是我們的交集只剩下與同學相處遭遇到的麻煩事，想來抱怨一下或者聽聽大人的意見，當遇到不會的功課只得來問的請益對象。

我無法再更靠近她，心情有些落寞，這年紀的她活力四射、好奇心強，眼裡常閃著無所畏懼的光芒，我卻離她的世界愈來愈遠，難道沒機會再更靠近一點嗎？

這天老大加寶難得不在房間而願意出關，在客廳沙發上有一搭沒一搭地溫習歷史，我不敢打擾，就著電腦繼續追著我的宮廷劇，妹妹也在沙發的另一頭滑著手機，大家各有所忙。

然後她突然抬頭問我：「馬麻，那個段祺瑞後來怎麼了？護法行動最後是不是沒有成功？」她正被民國初年軍閥割據的歷史搞得頭昏腦脹。

挖咧天外飛來一筆，雖然過去老娘的歷史考得很不錯，不過那已經是20多年前的事情了，突然來這麼一招誰招架得住。

不怕，我有 google 大神，正當我努力查資料時，加寶嫌麻煩：「我不要看 google 啦，它都講得好複雜～」沒關係，我消化之後再告訴你。

於是我跟她大致說明了國父的第一次與第二次護法行動內容，然後說，沒有第三次，因為國父就去世了。然後就群雄相爭，北洋軍閥、南方軍政府與各派系互相打殺糾結成一團了。

說到這，加寶的臉也糾結成一團，因為複雜到光是背就背不完。我說，別管細節啦，就當故事看，你知道這段民國初年史有多少電影都愛引用當背景嗎？

「真的嗎？」加寶眼睛又發亮起來，真的啊，好多港片最喜歡的就是軍閥割據闇黑史，然後亂世出英雄，噹噹～男主角就出現了。

我一邊說，一邊想著要推薦怎樣的電影給加寶看（例如《危城》），她一邊刷著網站頁面，心思就開始漫遊起來：「馬麻～～那個張學良其實長得蠻帥的啊。」頁面就停在張學良的照片上。是啊是啊，只不過被蔣中正軟禁起來到死……。

「不對不對！」換加寶糾正我了：「他後來有被放出來，是在夏威夷過世的。」

喔，這孩子跟我真像，對歷史人物的生活逸事總是比較注意。

於是我們在網路與課本之間交錯，在各種知識間游走，網路的趣味與課本的正經學問口味濃淡互相調和，而且也讓我找到與青春期孩子對話的機會。

充滿好奇的孩子們都擅於發問，有了網路之後，每個父母都可以成為活百科。過去孩子問父母怪問題時（十個有九個無法回答），父母的反應不是胡謅一通就是藉口忙，或要孩子自己去找答案，但又有多少孩子會當下去翻書找答案？

如果這是一個親子共讀共玩的好機會，何不好好利用？你怪孩子忙著滑手機，那何不多理解他會滑些什麼，網路世界如此開闊，總會找到共同的樂趣，或者你實在無法參與年輕人的趣味，也能退而求其次，當個忠實的觀眾去理解，這樣孩子的舞台就不會離我們太遠。

心理師的建議

不能排除就加入。既然大家都在手機世界遨遊，絕對找得到共同話題，就看你願不願意。

你我都不可能排除（手機）網路，它就是生活，就是人與人互動的橋樑，沒道理找不到交集。就算你可以不互動、不加入，但一定會被網路訊息影響，網路已成重要民意，然後又左右了新聞議題。因為沒有年齡限制、沒有門檻，所以網路成為年輕一代的發聲管道，切斷網路等於自絕於年輕世代之外，我們不可能一方面說要了解孩子，一方面又禁止孩子滑手機。

沒辦法參與就傾聽。我也不懂韓國偶像、不玩手遊，但至少我願意傾聽，我喜歡孩子在說這些時臉上神采奕奕的樣子，也珍惜青春期孩子的微笑。

02 誰說我們不閱讀

現在有一種教養氛圍，好像不帶領孩子一起閱讀或者讓孩子閱讀，就不算是稱職好父母，就跟不上某種學習潮流。

我很納悶，我們小時候有這樣被帶領嗎？如果沒有，為什麼現在非做這件事不可？如果我們自己沒有閱讀習慣，如何以身作則帶領孩子？當我們自己都沒有在閱讀，叫孩子閱讀有用嗎？

有些父母很焦慮地告訴我，他們沒有時間陪孩子一起看書，這樣小孩的程度會不會受到影響？他們是工作忙碌、辛苦的父母，卻又想在所剩不多的時間竭盡所能地為孩子付出，無法達到專家的標準總是會讓他們有些罪惡感與愧疚。

我會說，不用勉強，陪伴就很重要，管它有沒有書！

其實，你的臉比書的封面更迷人。我們的時間不多，一天講不到幾句話的狀況實在太悲哀，很快的，孩子就不再找你講話了。

如果說要在一起做什麼，當她們還小時我比較喜歡看她們玩玩具，偶而幫個小忙組合最後幾片拼圖，長大後則是藉由準備晚餐與吃晚餐的時間，有一搭沒一搭地閒聊。

至於看書這件事，我沒什麼特別的想法，腦中也沒有青少年十大必讀這種東西，平常學校課程與參考書單就已足夠，如果孩子對學校推薦的沒興趣，我更歡迎她們去自由探索。

讓孩子自由挑選喜歡的書，就算圖很多也無所謂。當兩隻都在念小學時，我在住家附近的租書店（合法且適合孩子的）給孩子辦了張會員卡，跟孩子說自己去挑，漫畫也可以，然後加寶挑了畫風華麗的少女漫畫，廷寶挑了名偵探柯南，有時候她們也挑字很多的書，我並不干涉也沒意見。

當加寶跟我說：「這本書難看死了。」我很高興她已經開始培養看書的品味，有了自己的獨特喜好，會判斷什麼書是好看的，什麼書難看。就算她的選書品味奇特，我也不予置評，不要在孩子讀書興趣剛萌芽時澆她們冷水，我只希望她們可以多嘗試，多翻翻不同的書。

我剛剛好是愛看書的人，但我並不想和孩子一起看。對我而言，讀書是極其私密、享受的事，有人在旁邊，即使是自己的孩子，我都無法專心，所以我沒有唸故事書給孩子聽的習慣。

當我想看自己的書時，我就溜到自己房間的角落，就著小書桌靜靜地翻開自己的書。孩子有時也會好奇地跑過來看看我在做什麼，「喔，馬麻你看的書好無聊」，然後去做自己的事。

在孩子還小的時候我會念故事書，不過不擅於唸故事書的我總是很敷衍，到後來我說：「不要看故事書啦，我直接講故事。從前從前……」從Hello Kitty到巫婆等瞎扯一通，後來她們對我拙劣的講故事技巧失望。當她們開始識字之後就自己讀，沒有我的協助（看來也不需要）也可以津津有味。

雖然沒有親子共讀時光，不過我們會分享閱讀的心得，孩子會告訴我故事情節，描述最好看的那一段，對我來說，一起聊書比一起讀更有味道。

那麼沒看書的時候又如何？其實孩子看閒書的時間不多，更多時候她們更愛滑手機、玩電腦，看看網路上Youtuber（在Youtube上錄製原創或自製影片的網路名人）、網紅PO了哪些有趣的影片。

本來我並沒有看網路短片的興趣與習慣，有一次因孩子推薦而好奇看了幾集，也覺得十分有趣，現在甚至會比賽誰追的集數比較新。

所以我與孩子也閱讀網路，閱讀電視，甚至閱讀人，誰說我們不閱讀？

心理師的觀察

早在我當心理師之前就從事出版工作了，當了心理師之後雖然沒有中斷書寫，但也深知紙本書的閱覽人口一年不如一年。

書店經營困難，一家倒過一家，但小型出版社發展卻愈來愈蓬勃，這表示閱讀人口開始分眾，不表示大家不閱讀。

選擇紙本閱讀的人不一定要去書店，我們在網路商店很輕易地就可以購得，而且直送家裡不必自己辛苦提著，書店沒落只不過代表消費型態改變，不一定是書的問題。

若選擇其他的閱讀方式，那我們閱讀電視、網路訊息，甚至閱讀群組分享的各種消息，當某篇好文吸引你進一步點閱時，你不能說那不是閱讀。

閱讀變得愈來愈方便，內容愈來愈多，所以現在的問題不是孩子閱讀量太少，而是閱讀量太多，要分辨哪些東西是可以吸收進來的。

我們有責任帶領他們好好思考，找出有價值的東西，而不是跟著網紅人云亦云地走，這才是閱讀的真正意義。

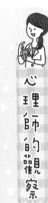

03 保持距離也沒啥不好

許多家長都和我一樣，沒有孩子的臉書（其實是被孩子封鎖），不過若只為了聯絡用，一般社交軟體（例如ＬＩＮＥ）也很夠用，不一定得和孩子臉書，所以心情也不會太受傷。

對有些孩子而言，使用社交軟體時會想與家族群組劃分界線、保持一定距離，這並非想來個六親不認，而是只想保留最基本的聯絡，剩下的就是自己揮灑的天空。

我的姐姐向我抱怨，她想加入我家加寶的動漫韓團粉專，可是我家加寶沒有按她加入，明明就是公開的粉專啊。我拍拍她的肩說：「你放棄吧，我早就沒有這種念頭了，人家要的是和她有共鳴的少年人，而不是你我這種老人家。」

也許有家長不同意：我怎知孩子有沒有背著我交到不好的朋友？或者是有些不當的價值觀或想法？身為父母的責任與義務就是教導他啊。

說實在的，有些事，你想管，也管不著。想法是自由的，你無法阻止孩子說什麼跟不說什麼，孩子難道不會去弄好幾個帳號嗎？你真的能控制孩子的言行嗎？控制孩子的言行對你又有什麼好處？若要說教導，不如在實際生活中去實踐，而非在虛擬世界中與孩子爭辯。

幾日前，我在臉書上對一則社會新聞發表想法，因為我想法很多，心臟很弱，不想與外人做口舌之爭，所以隱私設為「朋友」，只限我臉書裡的朋友看得到，一直以來發表社會議題都這麼做。沒想到平時「潛水」（指不出聲）的老爸竟然私我，告訴我「事情還沒搞清楚前不要隨便發表意見，這樣很不妥」等話，我看到當下非常光火。

我在自己的地盤上發言會有什麼問題嗎？你認為你是對的，我也認為自己沒錯，你不能接受別人的想法那是你的問題，何必特別「糾正」我？

父母常以為孩子是需要被監督的，即使這個小孩也已經快50歲了。身為老孩子的我深感無奈。

當我和周遭好友抱怨時反而被嘲笑了一下：「你很笨耶，不會再把朋友分類一下，分成點頭之交和摯友，這樣他不會被封鎖，但也不會看到你某些發言了。」

對厚，這點我怎麼沒細想到。私心以為臉書裡的人對臉書的遊戲規則是有默契的：同意、喜歡就按讚，不同意就跳過，不用特地說什麼我不同意、這樣講不對，以示對發言者的尊重。但，這只是我一廂情願的想法，總會有人站在自己的立場表達反對意見，這是我管不著的。

老父的發言就能激起老孩子的情緒，那麼孩子不願意父母加入自己的小天地，我也很可以理解了。不必非得在網路世界裡約束孩子言行，那約束不來而且是不必要的，特別是他就是不想你看見，除非你可以包容孩子的任何想法，不會把想法與行動混為一談，而這點，我也沒把握自己能做到。

所以，讓孩子有自己的發聲空間是好的，如果你是一個願意尊重孩子想法的人，就不必擔心孩子會背著你胡來，孩子自然會來找你討論。

我寧願孩子明著拒絕我、與我劃定界線，也不願意他陽奉陰違偷偷來。

心理學亦強調人我界線的重要，即使是親密的家庭關係，也需要保持個人想法和情緒的自由，孩子才有探索外界的能力與自信，而不是隨著父母觀點起舞，失去自尊。

我們父母能做的不是下指導棋，而是要在背後提供安全感，讓他隨時可以回頭向我們求助，不怕跌倒。

關於這點，我還在努力學習，學習接受各個家人可以跟我有不同的意見，學習各個家人不同意自己的觀點。我在深藍、深綠兩邊，挺同、反同立場之間尋求平衡，如洗三溫暖。

我所學到的心得是，想法是自由的，別帶著自己自以為的觀點，名為溝通，實則仍舊企圖說服，這是最令對方反感且最無效的，何不輕鬆看待這一切。

保持距離，以策安全。

心理師的建議

想要怎麼被尊重，就怎麼去尊重孩子。

我們該不該拿出管制孩子言行的手段？過去是房門，現在則是網路大門。

過去的我不喜歡被管、被約束，還好父母除了課業之外並不怎麼管束我，所以可以自己決定要不要鎖房門，但我不一定會鎖，而且常常不鎖，甚至不關門，因為我認為念書時背後有人走動的自然噪音，我比較不會「度咕」，而且他們是人體鬧鐘，該睡覺該吃飯時就會出聲。

當我有自己的家人時，我試著提醒自己不要對家人的手機內容太過好奇，也不要干涉他們的發文，因為我不喜歡自己被這樣對待。

這不是真放心，而是認為得到孩子的信任更重要，我喜歡孩子信任我的感覺。

04 溫柔也有力量

開學了，家長真的變輕鬆了嗎？並沒有。你以為小孩有學校能收留，自己就可以沒事，實在是誤會大了。

近日看到自己幾年前的貼文，回憶時仍忍不住笑出來，原來我當媽媽的怨念如此的深，深到忍不住對別的年輕媽媽幸災樂禍起來。

你以為半夜爬起來洗床單已經是極致了嗎？那你一定還沒試過不到6點就得起床準備早餐吼小孩的戰鬥位置。

是哪個傢伙開始規定國小最晚7點40分要到校（打掃），而且一定要已經吃完早餐、確定沒有把制服穿成便服、確定簽好聯絡簿、準備好要用的美勞用品或自然課的花花草草……，馬的，這些人一定家裡有傭人！

你已經沒有睡到自然醒的權力了，為了小孩的維他命ABCDE營養，你一定要想辦法弄出一餐，最好書包裡有不會壓爛變質、可以放到下午的點心。然後，晚上，廢話，你一定要手刀趕回家，在小孩到家說肚子好餓之前，再弄出有ABCDE各種營養的晚餐。

嗯，最後還是祝大家玩小孩玩得愉快⋯⋯。

當孩子要進小學，不似幼稚園能耍賴、遲到、吃吃點心時，我想，開什麼玩笑，我是蠟燭多頭燒、有效率、有紀律的職業婦女，無論如何一定要把所有雜事控制在範圍內，然後可以順利打8點上班的卡。

所以一大早，我當然是家裡第一個醒來的，醒來的第一件事就是吼小孩：「起來，起來，通通起來！」等梳洗好了見小孩還維持原來的睡姿，不禁火氣開始上升，從10秒吼一次變成5秒吼一次。

吼是有些效果，小孩不甘不願地開始蠕動，不過從床上到浴室還有一段漫長的距離。「你們是想遲到嗎？等會兒遲到不要跟我抱怨！」開始拿學校來威脅，總算開始慢動作了，但光是起床這件事，就搞得雙方人馬各自不愉快。

這模式持續了一陣子，我著實有些累了。上學不是我的事，可是我卻有事，孩子嫌我這個媽橫眉豎眼兇巴巴⋯⋯。不對啊，我也不願意，是你們逼我的，我也不想兇巴巴的啊。

「馬麻你好兇，叫我們起床就好，為什麼要那麼兇？」

「叫你們起床不兇的話你們起得來嗎？有『溫柔地叫你們起來』這種事嗎？」

「為什麼沒有？你好好地講，我們就會起來了。」小孩嘴硬地說。哼，最好是，好，我就來試試看，看這樣叫你們起不起得來？

翌日，到了該起床的時間，我見她們各自睡得香，便往臉上各自啵了一下，廷寶眼睛睜開了，我沒出聲，靜靜地看著她的臉，她笑了，伸了個大懶腰，然後我在她耳邊輕輕地說：「起床囉。」她點點頭，沒多久就從床上爬起來。

見鬼了，這招真的有效，原來溫柔真的有力量，這句話不是隨便說說的。

我從原來無效的大聲公嫌惡治療法，轉化成溫情媽咪情緒支持法，孩子果真比較願意起床，就算有時仍耍賴，至少後者的B方法不比A方法差。而且在她們眼裡，我變身成「溫柔的媽咪」哩（灑花，轉圈圈）。

後來，母親節的例行性學校卡片中，孩子是這樣寫的：「我媽有時候會煮很好吃的菜，有時候也會對我很溫柔……」就算只是「有時候」，也可以讓我從闇黑兇兇老媽進階成溫柔媽咪，也不錯了。

現在孩子更大了，愈來愈不需要我三催四請，當回憶起那幾年打仗般的日子時，總會想起這一段孩子提醒我要「溫柔」的事，同樣的要求，不同的口氣，就會有不一樣的效果。

心理師的心得

老子《道德經》的「柔勝剛，弱勝強」，在我看來指的正是教養策略上高招的部分，正向軟性的回應永遠不會出錯，而急就章常造成反效果。欲速則不達，古早就有明訓了。

這幾年與孩子互動下來的心得是，不管早上如何進入備戰狀態，也許你常常火氣上升，也許10件事一起來只有辦法做2件事。但，請讓自己某天醒來的片刻，給自己幾分鐘時間仔細端詳孩子粉嫩安詳的臉龐，並享受這樣的成就感，任憑再怎麼忙碌的鋼鐵媽咪，也會在此刻變身成溫柔媽咪。

05 如果死來得太突然……

許多個案都跟我說，我不要活很久，只求好死（更有甚者天真地說：「我想活到×歲就好。」），最好可以在睡夢中就走了。

我笑說，這得看老天爺的意思，由不得我們。這種理想境界有誰不想，但絕大部分的人都做不到。

自從多年前和老媽同一年罹癌，死亡這個議題即具體出現在我的生命中揮之不去，這不是新聞標題，而是我生命中的頭條，很難不去想。

生病這件事提醒了我，我是有使用期限的、貼著隱形有效日期標籤的商品，不到最後關頭，日期不會浮現。

生命並非可以盡情揮霍，隨便用就是一大把，而是很有可能，隨時，在沒有任何準備的情況下，砰，沒了，連再見都來不及說。

當我和老媽同時在同一個病房打化療時，因為有我的陪伴，已經癌末的老媽不知死之將至，而我得不斷打屁轉移她的注意力，那畫面非常之黑色幽默。我慶幸至少知道以後自己可能會怎麼死，更多人不僅不知道，更無法準備。

從此，我試著把每一天當成最後一天細細品嘗。

工作時，我傾聽個案關於生病與死亡議題的感受力變強了，即使我什麼也沒說，對方也能從眼神中接收到我的理解。下班之後，我很享受握住女兒軟嫩小手再一起搭車的感覺，晚上入睡前，我輕吻著女兒可愛的臉龐，拂過和我一模一樣的眉型，並試著記住這觸感。

我變得不太容易生氣，或著，情緒可以比以前消散得快，因為在死亡面前沒什麼好計較的。我所在意，跟不必在意的人，至此壁壘分明，然後事情就變得簡單多了。

如果我又開始煩亂了，我會試著自問，如果沒有明天，今天就是我的最後一天，那我會在意什麼、我需要什麼。這樣內觀的結果會發現，所煩亂的事情都變得像鼻屎般不重要。

想著如果只剩明天，或者沒有明天，誰管同事有多機車、老闆有多難搞，小孩又考幾分、應該念哪所學校，這些已經變得不再重要。我對得起我的工作嗎？我從工作中發現到自己的價值嗎？我有沒有遺憾？我是個夠格的媽媽嗎？我今天有讓孩子知道我很愛她們嗎？

有時候我會試著倒過來想（這問題太刺激，不能常常想），如果孩子有一天不在了，那麼我會……（想到這裡，我根本不敢往下想）。

曾有個失去18歲女兒的個案來晤談，這是我最使不上力的個案之一，即使已經過了兩年，每次她述及當年的醫療經過，總是哭得像是昨天才發生。我無法安慰她，也不能叫她停止哭泣，她總是懊惱當初沒有多做些什麼，失去的痛那麼痛，我又有什麼資格說我懂？

從那次之後，只要我想到她，以及她那美好年華不該死去的女兒，我對自己女兒的不聽話就能冷靜待之不再腦門充血，重新站在擁有的立場去珍視她。

多想想死亡帶來的意義，有益親子關係。

人類能做的很有限，不是跟老天爺對抗，而是隨時準備好面對。

我從醫院中的生死來去學到的經驗是，與其在抗拒、驚愕、不甘不願、呼天搶地中大喊為什麼是我，然後狼狽地死去，不如趕緊踮踮自己還有多少斤兩、多少本錢，然後趕緊去發揮最後的價值。

如果還有一丁點時間，我想要優雅的、如常的說再見。

如果一切來得太突然，我願自己可以死在追求夢想、踏實每一天的路上，就像齊柏林一樣（齊柏林，有空拍大師的美譽，二〇一七年6月10日在籌備《看見台灣》續集的勘景途中，不慎墜機罹難）。

心理師的建議

在醫院工作的「好處」是，每天看盡生命有多脆弱的事實，一點一點增加面對死亡的現實感。

我聽過不少人會自豪從來沒踏入過大醫院，老實說我不知道這有什麼好驕傲的，這樣的人常常在身體出事之後到處責怪醫療人員：「本來『好好的』，不看沒事，一看就有事，早知道就不要去檢查了。」

對自己身心狀況拒絕了解的人，要如何和子女展開生命教育？光談積極陽光面還不夠，誰來告訴孩子人生也有不能掌控的陰暗面？當陰暗面來臨時，孩子該如何面對？

如果你也是上述的鐵齒型，從沒想過有一天可能會倒下，那麼我鼓勵你不妨開始去想，想像無害，但其中所產生的巨大無力感會讓我們變得謙卑、珍惜，這方法不壞。

06 各自的耶誕節

耶誕節都還沒到，兩隻小孩就已經先來報備當天的活動了。「媽，我晚上要和同學出去。」此為老大加寶。「下午我想找同學來家裡玩。」此為老二廷寶。

和同學一起，是小鬼們生活最重要的命題，父母不是不重要，只是變成了白開水，誰想在假日喝白開水啊，應該要喝氣泡飲、手搖杯才對。

再過幾年，家裡就已不再是玩樂的的地方，而是玩累了休息的地方，玩樂陣地轉移至各縣市的花火節、耶誕或新年晚會，與不同的夥伴駐足不同的餐廳。

聽孩子們興奮地聊著昨天去哪玩，交換了什麼禮物，聲稱是耶誕老人給禮物的日子已然遠去。那些當年的寶貝早就已經不玩、失寵、遺忘在床底下，與朋友間交換固定金額的禮物才是現在的心頭好，連跟同學一起吃的東西都香。

早上我一邊喝著咖啡牛奶，桌上有煎蛋、培根和麵包、自製果醬，一邊和昨晚玩樂的加寶閒聊，一邊遙想自己小時候過節都在幹什麼，雖然幾乎什麼也想不起來。

「你跟同學昨晚去吃什麼耶誕好料？」我問。

「麥當當啊～」

天，耶誕夜去速食店，這算是什麼好料？會比老媽我煮的熱騰騰食物還好吃嗎？

「哼，你都不知道，那真的很～好～吃～」她露出一副「啊，你不懂」的表情，我怎會不懂，吃什麼不重要，跟什麼人吃才重要，和朋友共享一包薯條，那薯條裡有那個世界才懂得秘密與笑話，有年輕的滋味。

以上那些也是我的曾經。現在的我早已不吃速食，那是陪小孩時偶一為之的勉強，速食早已沒有當年的滋味。

節慶會隨著柴米油鹽而逐漸淡去，而耗盡大部分青春與精力的我們，只要能舒服而安靜地坐著，看喜歡的球賽或日劇，啜一口自己煮的咖啡配一本書，似乎就是難得的幸福了。

前十大下午茶地點、台北必去前×名義大利餐廳……，這些排行背後需要新台幣，對我並沒有太大誘因。

逛街已失去動力，購物必上網比價，可以網拍的話就絕不店面，多年養成的錙銖必較已成功謀殺了浪漫，並學會在極有限的條件下學會精神上的快樂（對，精神上的，不花一毛錢）。

社區樓下的轉角就是一間雅致的咖啡廳，但我從來沒想進去過，寧願自己煮，倒是加寶自己曾在那裡買了一杯熱可可。

熱可可，我自己煮的還比賣的好喝哩（還是捨不得花錢），心裡雖然犯點小嘀咕，但年輕人嘛，嘗嘗鮮去不一樣的店，有什麼不可以？

悄悄地，我已經把年輕的權力交給她們了，頭髮尚未花白的我，已經有世事滄桑之感，我世界中的色彩正在褪去，淡與輕盈，才是現在適合自己的顏色。

各自的耶誕節，正如各自的人生，有煙火彩帶，也會踩到狗屎。

而家，成為可以分享煙火照片、談談一路風光的地方，也成為可以清洗鞋底狗屎，準備好再出發的地方。

有沒有一起過節，是不是一定要綁在一起過節，就沒有那麼重要了。

心理師的觀察

常有個案不開心地告訴我，逢年過節是他們最頭疼的時候。

因為他們要回不想回的家，虛與委蛇一番。也許與家人平常就無話，過年更感尷尬，也許是害怕其他親友的莫名關心：工作如何？在哪工作？做些什麼？有沒有對象？怎不帶回家看看？沒有怎不快找……？

如果父母夠堅定，當然可以為孩子擋這些人情子彈，但為何擋不住，或者是說也不刻意想擋，因為這些親友會說出他們平常不敢問孩子的問題，故放任親友去「拷問」孩子。

想想我們是否有過度在意親友評價的毛病，擔心面子掛不住，擔心親友閒言閒語，擔心這擔心那，卻沒擔心孩子的心是否還在這個家，如果孩子都沒心回家過節了，那些擔心也就無從說起，沒意思了。

07 跳街舞能賺錢嗎？

當小鬼說出以後偉大的夢想是要去跳街舞賺錢時，我心裡的確彆扭了一下。當興趣還差不多，要當工作？別傻了。雖然心裡這樣想，但還是假裝民主地讓她去學街舞。反正她還小，小時候的願望通通不算數。

才沒幾年的時間，世界就會大翻轉，不用等我們變老，這世界已經漸漸的不是我們能預料的模樣。

未來的產業至少有一半以上是現在的我們無法預料的，有專家預測，在二〇二五年甚至會有25%的全職工作變成按需雇傭。

也就是說，等我們老的時候，這世界早已豬羊變色，不再是我們現在的腦袋瓜可以預料的範圍。

別慌，想想自己小時候，你的父母是怎麼對你耳提面命的？有哪個母親不是期待女兒從事教職，最好以後也能嫁給軍公教人員，謀求一生的衣食無缺？

他們沒有錯，只是父母停留在當時的價值觀當中，無法與時俱移。我的母親書讀得不多，當個老師是她這輩子最大的渴望，但她的叛逆女兒一直不肯聽她的，乖乖去念個師專或考個公務員什麼的。

我與老母的價值觀衝突了半輩子，直到她生重病，進了我所服務的醫院治療，看著當年執意念文科，後來又不知為何跑去念心理的古怪女兒，穿著白袍翩然地為她安排各種檢查，找來我覺得最棒的醫生，一向害怕醫院的她居然也乖乖配合，我想她心中必然也感欣慰吧。

回想起來，當我很惶恐地摸索未來，試著找出自己的路時，我無法向父母求助，因為我沒有好好照著他們的安排走，活該這麼辛苦，領過失業救助金的我，更能體會自己一路走來的滋味。

我慶幸終究能走出自己的路，只是過程太寂寞、太辛苦。我的心得是，如果孩子的人生需要自己摸索，至少要得到父母無條件的接納。所以我會試著問自己，把街舞當職業有什麼不可以？打電動可以賺錢，Why not?

台大教授葉丙成說：「現代父母不能了解新世界的趨勢，卻想主宰孩子的人生。」他提醒為人父母者要「讓孩子決定自己的人生」。

也許你會擔心，孩子懵懵懂懂的，能決定些什麼？我們該做的，絕不是幫他選擇職業，而是給他因應變動未來的能力，給他接受知識的機會，讓他知道不管選擇什麼都需要努力，剩下的，就交給他自己了。

我們所以為的熱門行業，很可能10年後就冷掉，看看現在有多少流浪教師就知道。而我們以為的冷門行業，或根本不算一個正經工作的工作，在孩子心中則會有不一樣的意義。

如果你還沒看過高中生聯合街舞影片，建議你上Youtube去看看，這支超過78萬瀏覽人數的影片（截至本書出版前），內容是台北市17所高中、200位高中熱舞社的同學，以一鏡到底的方式展現他們的自信與青春，在你眼裡看到的會是「街舞跳得好又怎樣」，還是「勇氣、團隊合作與態度」？

如果這樣還不能感動你，那麼夢想真的離你好遙遠，花點時間找回來吧。

台灣街舞藝術協會——高中生聯合街舞影片

心理師的觀察

臨床上常有機會聽現在年輕人正在做的事，都是我年輕時無法想像的。

有些人迷上夾娃娃機，繳了許多許多的學費後終於可以無往不利，用不到50塊的價錢就可以夾到市價300塊以上的東西；或者很努力地玩手遊，闖關打勝仗，然後就可以把得到的寶物或點數上網賣掉；也有人告訴我兼職批一些貨網拍；手做一些偶像、同人誌的東西，並在粉絲團或同人展中販賣……。

這些都是年齡相差20歲以上的人無法想像的新興產業，你能想像夾娃娃也能賺錢嗎？自己的塗鴉剪貼也能賺錢？我們想都不敢想，卻是現在年輕人再自然不過的事情。

跳街舞賺錢，也真的沒什麼好意外了。

我對於自己不理解的事物沒資格評論，也沒資格潑「這樣是能賺多少錢」的冷水。我們一生中總會迷戀一些事，不真的為賺錢目的，而是投入其中得到了快樂，或是克服困難得到了成就感，所以也讓孩子保有這樣的樂趣吧。

08

如果我的小孩是同性戀

身為兩個女孩的母親，當然也會有人問我，如果你的小孩是同性戀怎麼辦？同性戀不是疾病，這是根據精神醫學診斷準則手冊說的，這立論有許多科學實證。信者恆信，不信者恆不信，那些不信者仍舊會拿出其他論文挑戰我，我並不在意也不會回應。

因為，我談的是愛，不是性。請勿拿那種「難道愛就可以為所欲為，戀童、不倫也可以嗎」的情緒化論點來挑戰我，這樣顯得太膚淺。他們跟我們一樣，都是某人的兒子、某人的女兒，是科學家、是設計師、是街角賣咖啡的伙計、是每天跟你有接觸而你不知道的人。唯一不同的地方是，他們愛的是同性別的人。

所以，我不會把「不同」當作是個「問題」，如果我有一絲絲懷疑，那是因為那個世界是屬於我這個異性戀不懂的世界，我願意努力去了解，就像她交了個歪果仁（外國人）朋友，我也需要理解、進入對方的世界是一樣的。

愛的人和我們多數人不同，就有問題嗎？我們彼此之間不也有很多的不同，有些人老是愛上賭徒、酒鬼，有些人反覆愛上會對自己動手的人，難道我們會因為有人愛的不得法，就對他們吹嗶嗶，「那麼蠢，不准結婚」、「老是遇到不對的人，不准談戀愛」

嗎？不會。因為你知道，結婚是權利，不是誰說了算，再蠢的人都有結婚的權利。

我的工作讓我看過太多太多亂七八糟的家庭問題，所以常常在想，一個看似正常的家門內到底有多少荒腔走板的故事？父不父，母不母，連照顧自己都有問題了還來教養兒女？每每讓我為孩子的未來捏了一把冷汗，在這樣的氣氛下，被這樣的父母影響，會成為怎樣的人？我們連異性戀婚姻、異性父母教養等問題，都多到需要書店有好幾櫃的兩性相處、教養書籍。而我，這幾年忝為「親子作家」，每每也被孩子挑戰極限，反思自己的想法與態度。又有什麼資格說異性戀優於同性戀？甚至吃飽太閒去管同性戀者的婚姻？這話說了連我自己都臉紅。

如果有一天，女兒帶了一個女的回來說要在一起，我是要立馬急著跳腳，帶她去精神科？還是願意去理解女兒的愛？我們捫心自問，自己在品德上是孩子的榜樣嗎？我們在感情的經營上足夠給孩子典範嗎？我們的世界觀、價值觀是固執、不可動搖的嗎？足夠因應孩子未來的世界嗎？

我們有誰沒聽過或見過（或根本自己遇過）親人比陌生人更殘忍的對待？我身邊就有不少親身案例。原本慈愛的母親，在聽到兒子（女兒）跟她坦承出櫃後，馬上變得歇斯底里，恐嚇、威脅加傷心欲絕，最後自己親手斬斷母子情份。為什麼？只因為我們不懂同性戀，只因為孩子「不肯聽我的」，只因為「做父母一定是對的」。

我想，孩子只需要我的祝福，好好去愛吧。不管男生女生，愛是一輩子的課題。我能教你的不多，從我自身的經驗中希望你學會包容、理解、互相尊重、如何不受傷地付出，不過這些東西我也還在和你爸努力中啦，嘿嘿～

在愛這件事上，我們沒有什麼不同，理應得到相同的權利。

一想到如果你和愛人要結婚，還得徵求不相干張三李四的同意，我的心就好痛。

所以我要你做自己想要的樣子，想當設計師、廚師、開寵物店，愛你想愛的人，只要你願意努力，我願意打開我的雷達，接收未來你的世界。

孩子啊，就算法律不挺你，至少你要得到我滿滿的祝福，我會努力試著愛你所愛，若我現在做不到，至少我願意跟你站在同一邊，挺你到底。

心理師的心得

關於跨性別（ＬＧＢＴ）平權議題總是會引起許多論戰，當這篇短文在天下網站曝光時，也不免引起許多正反關注與討論，有的留言與其說是討論，不如說是謾罵，不同意的人在這點上通通變成了專家，即使專家說話了，也寧願視而不見，堅持自己相信的論點。

許多自認想法開通的父母，如果在這個議題上卡關，無法接納同性戀或跨性別，表示並非真民主，還是帶著些許偏見與刻板印象，即使精神醫學明定同性戀並非心理問題，大法官也釋憲表示應保障同性婚姻。

我試著站在互相理解的立場上談論這話題，老規矩，我一貫的立場就是，既想協助同性戀子女順利地發展自我，也想站在了解同性戀父母的心情之下協助父母更理解他們的孩子，但實在吃力不討好。激進挺同派認為我替保守派當打手，幫著父母「打壓」同志，有的臉書朋友更因此不容分說地封鎖我；反同派則認為我帶壞小孩、洗腦父母，該下地獄、拔舌頭之類。

不喜歡網路口水的我根本不想回應，因為回應過程所引發的不快情緒會讓我少活三年。偏見使人失去理智，兩邊都一樣。罵人誰不會，但我還是不想改變立場，寧願按照最不討好的方式來做，因為我相信理解與信任沒有捷徑，該說的話絕對不能少，即使無法兩邊討好。

09 孩子的怪不是壞

升國二的暑假，加寶想去穿耳洞。

「OK啊！」我想，她的偶像金○○都有好幾個耳洞，所以她為什麼不呢？於是她很拉風地一邊穿了兩個洞，等傷口好了就戴上各式漂亮耳環。

可惜老師並不這麼想，暑輔課開始時老師不太高興，質問：「你知道學校是不能穿耳洞的嗎？你媽知道這件事嗎？」還給她一個禮拜的時間，等暑假過完她就要換成透明的耳針。

我媽？就是我媽拿錢給我去穿的啦。加寶心裡不悅，但嘴上不敢說。

唉呀，我心虛地說：「還是要符合學校規定啦，現在的學校已經比以前好很多了，老師還願意跟你商量而不是記過，不錯了，以前學校規定要剪到齊耳才真正是醜到爆。」我只能這樣安慰她，讓她還能在暑假時過短暫的癮。

我這個在40歲後跑去刺青的不良媽還故意問她，那不然你滿18時去刺個青好了，先找好圖案？結果被加寶白了一眼。

別擔心，當你的尺度比孩子寬很多時，孩子不需要為他的想法隱瞞或者懷抱罪惡感，你更能和孩子透明地互動與聊天。

「你，為什麼對我口氣常常不耐煩？我對你講話有不耐煩嗎？我有欠你兩百萬嗎？還有，你關門一定要那麼大聲嗎？說說看是為什麼？」由於成長中的加寶常常無端地給我臉色看，讓加寶媽有一天終於大爆炸，試著很「理性、平和」（有嗎）地大聲說出內心的疑問。

「嘿嘿，也沒有啦，反正有時候聽到大人講話就有點煩，也沒什麼特別的原因。」加寶搔搔頭，真是古怪的青少年。

好，我了解。但是請注意，如果不喜歡大人不耐煩，得先由自己的態度做起。「好啦好啦，我會注意啦。」孩子搪塞了這句話，收斂了幾天，也算有效果了。

難道孩子抽菸我也不管嗎？萬一抽菸變吸毒呢？有的家長會這樣擔心。

你的放任絕對不是放縱

有的家長會讓孩子做適度放任的嘗試，知道抽菸其實也沒啥大不了的，好奇心就減低（別忘了愈禁愈想做的道理），讓他適度了解到行為本身帶來的壞處，關於這點，用說教是沒有用的。

你的尺度寬，是因為你已經了解世事不過就那麼回事，你不怕孩子失控，因為你會在他身邊守候，避免他錯得太多（讓他做錯是必要的）。

想把孩子捏得太緊，通常結果都很不盡人意。

對於翹課、逃家等等更嚴重的行為問題，我所受的助人專業訓練是先了解原因，而不是忙著責難他。

難道孩子不知道哪些行為是大人期待的嗎？不能做到的背後一定有原因，不管是什麼，都不能假設孩子「故意」唱反調，如果表面上是，那也一定有背後意義。

心理學家河合隼雄說：「世界上幾乎沒有不危險，卻具有意義的事。」也就是說危險事物的背後有其魅力，而且也是孩子自立的契機。雖然很令人捏把冷汗，但我們不都是在帶有危險的過程中，跌跌撞撞地長大嗎？

我容許孩子有一些脫序與反叛。

如果不這麼做，我擔心他的能量無處可去，最後會朝向自己。到那時，這向內利刃的力道會是我無法處理的。

孩子強烈感受到被某些事物吸引，表示他還有強大的能量，是個勇敢不退縮的孩子，就算不符合社會的期待，就算沒有朋友（因為太投入），這股個性力量需要被父母不帶批判地理解，一起努力吧。

心理師的建議

怪小孩考驗尋常父母的心臟。

如果你的尋常心臟應付不了搞怪小孩的花招，卻又不知如何是好，尋求專業協助如何？

我曾遇到對孩子無計可施、氣急敗壞的父母挑戰我的建議：「可是你沒有我們了解孩子啊～」是沒錯，應該了解孩子的是你們，但他不願意和你們說心事啊。我心中吶喊。

並非心理師有多厲害，而是孩子需要一個不會批評他、願意聽他說話的人，所以外人常常比父母更容易接近叛逆的孩子，而且孩子如果已經有「父母不了解我」的先入為主印象，由專業的工作者居中當協調的角色豈不更好？

專業（臨床、諮商）心理師的任務是重新搭起親子間的溝通橋樑，修正原先互動的盲點，讓家庭關係重新開始。

10 升學路不急，我陪你

才升國三，我家的國三生幾乎每日跟我抱怨：「好累喔。」晚上溫書回家，有時也頂著黑眼圈。

這是你人生第一個大關卡，我一定陪你一起過。

國中階段真的好辛苦，雖說可以免試入學，但在大家都想進好學校的時候，焉能不競爭？考試的本質仍舊換湯不換藥，只是遊戲規則不同而已。我想起自己當年有過之而無不及的國中生涯，那是我最痛苦的三年。

成績每況愈下的我，不巧被分在升學班，卻是吊車尾的一個。父母並不監督我的課業，但我知道自己數學爛斃了，主動要求補數學。結果數學是補了，卻愈補愈大洞，本來還在及格邊緣，補了之後當次的期末考變成40幾分。

數學老師眉頭一皺，深覺案情不單純：「你，你考這樣，你是聽不懂嗎？」老師擔心是教法出了問題。沒啊，我沒有聽不懂，相反的比學校老師教的更容易聽懂。不過因為補習佔用了更多休息時間，所以我很累，回家沒空複習，然後，就考成那樣了。

後來我不補了，愈補愈大洞也浪費錢，國三整年索性放牛吃草，畢業時成績單上的數學還是不及格，附贈物理、化學不及格。一般升學的公立高中我是無望了，家裡沒能力讓我唸私校，還好我考上公立高職。

父母沒多說什麼，替我繳了學費之後我便忐忑不安地去上學，高職唸的是什麼、未來該做什麼，這些困擾隱隱地開始冒出芽。我這班是男女合班，讓國中三年女校的我覺得很新鮮。男生真的很煩、很討厭，可是又很搞笑，每天都有新花樣，上學氣氛都超歡樂，男女合班簡直棒透了！

仔細回顧長達20年的學生生涯，我最快樂、最沒有壓力的一段就是高職這三年，那麼純真坦誠，大家不用為了課業相互較勁、你死我活。有了這三年的能量，我才能毫無畏懼地去追求自己想要的學問，即使身為高職生也不怕自己比人差，我像突然開竅似地拼命獲取知識，接下來的過程非常辛苦，但我也一路挺過來了。

我感謝父母並沒有給我下指導棋，我知道他們的期望，但那卻不會成為我的壓力，我仍舊自由地馳騁在對好奇事物的追求中。

現在看看我家的國三生，感覺磨難才正要開始，接著會像壓榨機一樣愈來愈緊，我的神經也開始繃緊。她有她的想法與堅持，想補數學、想補理化，我只問，你吃得消嗎？太累不想補就告訴我；她想參加晚上的溫書課，我只問，幾點回家？想吃什麼？這個時候僅能做的，就是擔任後勤補給員，即使心疼，也知道必須放手讓她自己走，在她快跌倒的時候才能出手，扶她一把。

她已經不是無憂無慮、天真的小女孩了，她有無法排解的煩惱與壓力，開始有不與父母說的秘密。在臨床上看過那麼多不開心的案例之後，我想成為孩子壓力的抒解站，讓孩子不害怕跟我說心事。

升學並非生活的全部，我也有義務帶領孩子從事其他活動，與其他家人互動維繫感情，維持生活常規，至少上學之前得把棉被摺好，別永遠藉口說來不及。

這只是暖身，人生剛開始，現在只能盡我所能地守候吧，陪她度過這有史以來最難熬的階段。

心理師的建議

人生就是一連串的考試，到底要不要從現在就開始計較每一次考試？如果一開始就輸在起跑點呢？

那已經是過去的想法，既然人生就是大大小小的考試，如果小孩贏在起跑點，但輸在終點呢？所以新的教養觀是，寧願把重心放在每次成果的累積，尤其是失敗的經驗。

愈早失敗愈容易得到經驗，爬起來的機會也大，孩子學習力強，失敗了也有充裕的時間可以站起來。難道你希望一路呵護他讓他沒有失敗的抵抗力，然後成年之後再重重地挫敗？

該來的考驗總是逃不了，我們能做的，是最基本也是最重要的，就是擔任後援。他失敗的時候有人可以扶他站起來，有肩膀可以靠，也不能做更多了。

11 不必辛苦的家庭旅行

對我，或許多人來說，家庭旅行的難度除了費用以外，有更多扶老攜幼的麻煩事。每次玩畢在FB分享點點滴滴時，總引來許多人的按讚與討論：

你很猛耶～

帶小孩已經很麻煩了，還帶長輩？

帶家人好麻煩＋1

家庭旅行絕沒有一個人來得自由，可是我仍舊願意跳坑的理由，當然是家庭旅行會有許多額外的收穫，快樂也會加倍。這讓我願意一年規劃一次，為自己與家人留下難忘的回憶。

最大的麻煩事不是行程，不是食宿交通，而是如何搞定老小不同喜好。這次家族團裡有78歲的老爸，及14、11歲這兩隻屁孩，行前，加寶就有些不甘不願，頻頻問可不可以不要去，因為她想去韓國看歐巴，不想跟家人去日本鄉下。聽到這話我火氣開始上升，機票、飯店早就訂好，而且這是半年之前就告知的行程，無法讓小孩臨時抽身。這，可是難得的「家‧庭‧活‧動」啊。

「你想想，我們還有多少時間可以陪阿公？你看阿公平常那麼疼你……」我忍著怒氣來個感性訴求，平日沒住在一起，僅能在假日沾醬油似地探望，所以我期待能有幾天的時間，可以讓老小輕鬆漫步、閒聊，於是小孩便不再有意見。

不過，這才是考驗的開始，時不時就有人會質疑，為什麼要去大家都沒聽過的A地，而不是B地。等搞定這些雜音，旅行真的開始之後，原來有些扭捏不情願的加寶，終於開始進入度假模式，變得像個小孩，可以一路上說說笑笑了。

一直沉默的阿公不代表沒有自己的想法。當我們開啟壓馬路模式時，阿公開口了：「買這幹嘛？這有什麼好看的？幹嘛要到處蓋印章，這到底有什麼好蓋的？」

小孩則會說：「這裡好無聊，我不想去××。為什麼不能這樣？為什麼要那麼早起床，晚點不行嗎？」

這些聲音若要在意，難免心浮氣躁，對於少出門遠遊的家人，他們當然用自己的眼光看世界，而我自以為旅人該有的品味，難道不是另一種莫名的執著？

所以，想待在飯店睡午覺，好像也沒什麼不可以；以往亂抓亂買的小物，在老爸「買這要幹嘛」的提醒下踩了煞車；至於滑手機嘛，要滑，大家就一起滑！

加寶甚至還帶了兩本小說。打包行李時我很不以為然地說：「就不信這幾天你看得完，你看得完我就賞你一千！」衝著這句話，加寶手機也不滑，拼命看書，真的就把兩本小說K完，還好我當初說的不是一萬。

那種把行程塞滿的玩法不適合家庭旅行，為了想撈本、衝CP值，不停地踩點，最得不償失。除了趕不上班車、身體不適、打烊關門等因素使風險增加，只不過是賺個拍照打卡罷了。

於是我在安排行程時謹守幾項原則：

1.每日最多只排兩處景點，留下更多彈性來迎接驚喜。

2.選擇交通購物皆方便的住宿，讓不同喜好的家人有各自可去的選擇，不必互相遷就勉強，皆大歡喜。

過程中免不了要提前規劃（這次是半年前就規劃好），爬文旅遊社團版，研究訂房比價網比寫論文還認真。有人會覺得辛苦，我卻樂在其中，透過許多人的甘苦分享，我也好像跟著玩了幾回。

這兩組價值觀迥異的老小，湊在一起竟然出奇的對味，老人家對孫子的品味保持好奇的興趣（包括為什麼要穿破洞那麼大的牛仔褲），孫子輩對於老人家也出奇的有耐心（與對待自己的父母相比），腳步跟隨老人家的節奏，莫名的和諧。

如果對於老人與小孩的某些偏執，你漸能泰然處之，同時反思自己的偏執，那麼家庭旅行一點都不難。當你包容了各人有各自的自由之後，回來的你，心會更自由。

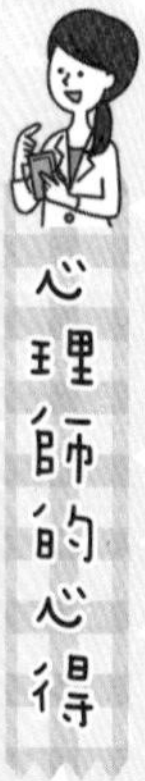

家庭旅遊的好玩絕對不是一個人的好玩，如果想要專注在旅行本身的樂趣，那麼就別找家人。

有小小孩的人會懂，要搞定小小孩很簡單，只要有球池、沙子和水，就可以一連好幾個小時玩得不亦樂乎，誰管場景在昂貴的影城或是家旁的小公園？

家庭旅行的奧義就在此，去哪不重要，跟誰去、一起玩了什麼，這些即使在多年以後都會被家人拿出來不斷回味。

所以不要太害怕家庭旅行的費用會暴增，是誰跟你說一定要花大錢的？

12 三代出遊的注意事項

三代出遊並不輕鬆，但結果絕對值得。以下是我用經驗換得的注意事項，提供大家參考。

首先得有願意克服困難、臉皮厚、敢挑戰的勇氣。

隔一陣子，我就會自不量力地說要安排家庭旅行，然後玩回來就發誓再也不要扛那麼多家人出去。再隔一陣子，我就把毒誓拋到腦後，又再次跳坑，然後再後悔……。

三代旅行當然就是家庭旅行的極致，令人又愛又恨，考驗著我的耐性，也考驗著我的荷包。

幾個月前，看到行事曆上註明的幾天連假，腦袋突然冒出一個衝動的幻想：老人家挽著可愛孫孫的手，一起走在有山有水、美麗的河濱步道，三代同堂其樂也融融。然後，我開始規劃幾天幾夜的旅遊，飯店早早訂好，路線也心裡有數。

但，有什麼不對勁嗎？為什麼我會又愛又恨？沒錯，上述這畫面是有的，但這畫面的背後有我笑不出來的苦衷。

首先是花費。錢，永遠是最現實的一部份，你不可能叫小孩出，更沒辦法叫長輩出，自己挖的洞自己補，隨便一頓餐食都要乘以5、乘以7，小吃都會變成大吃。房價也一樣，再平價的飯店，幾間房訂下來通通不平價，你想在有限的預算內達到最大的滿意值，至少不能讓家人抱怨。所以CP值這字眼，就是專為我們這些夾在老小兩代的夾心人設計的啊。

當家人抹抹嘴，似滿意似不滿意地離去，你看著帳單，心臟像計程車的跳表一樣猛烈地跳了一下。你看著飯店的刷卡單，心裡想著，這不是團購優惠嗎？為什麼看起來那麼貴！（總價此時變成主觀的等比級數，以N次方電擊著我的心臟）

第二件棘手事，是好惡各有不同。

如果與家人的差異只是台北與高雄，倒也罷，但通常那差異是南極與北極那麼大。長輩唸道：「房間為什麼那麼小？這早餐不怎麼樣。」你心裡大喊，不然你加個五千去住五星級的豈不更好？但你不能說，因為他是長輩，而且很少出遠門，不太懂旅行的門道，只能陪笑臉解釋：「這已經是很划算的行程了。」當小孩說「走好久喔，到底到了沒」時，你只能安撫快到了快到了，但心裡的怨氣指數開始上升，遇到一點零星火花，例如「人怎麼這麼多」時，就可能會爆炸。

當自己已經又煩又累，心想這趟到底是爽到誰時，看到老小手挽著手說著悄悄話，一路上嘻嘻哈哈，自拍比愛心加啾咪，跳躍定格加歪嘴鬼臉時，心裡想著，我這麼辛苦要的不就是這個畫面嗎？一團怨氣暫時煙消雲散，跑過去大喊：「為什麼沒有我，我也要拍！」

你這不支薪的領隊、導遊，比真正的領隊、導遊還盡心盡力，長輩的咳嗽讓你心驚膽戰，連問藥帶了沒；孩子拉了肚子，你急著找最近的藥房。你是最晚睡、最早起、最後吃的那一個。

這樣的家族旅行不能多辦，一年一兩次足矣，辦完之後肯定元氣大傷，至少信用卡帳單要隔好幾個月才能達到損益平衡。不過錢不是真正的重點，錢能搞定的事都是小事，搞不定的是人。

三代同遊的注意事項是，不看、不聽、不想，不去看家人的臉色，家人的抱怨當作沒聽見，不要去想自己有多委屈，歡喜做，甘願受，不能對他們說「不然你來訂看看」，因為，這是你自己要的家族旅行，沒人要你非辦不可，沒人勉強你。

也許幾次下來，你從中得到許多經驗，已經筋疲力盡到不想再辦時，那麼恭喜你進階到下一個階段，你的子女升級到夾心人的年紀，換你這個長輩好整以暇地準備出發吧，呵呵呵。

心理師的心得

雖然才說家庭旅行不一定得花大錢，但人很貪心，總想辦個幾天幾夜的行程，試試看讓家人在外地一起看夕陽、星光的感覺。

也唯有在這個時候，我們的手機世代才有機會好好地跟阿公、阿嬤說上一回話，而不是只有「嗯、喔、還好」。許多日復一日的家庭習慣，在換個地方與作息之後就會變得不一樣，因為這是旅行集中營，大家吃喝坐臥都會在一起，平常可沒機會那麼緊密。

我認為家庭旅行也是驗證凝聚力的時候，如果子女並不想和父母出去玩，那麼是不是也反應某種警訊？

13 什麼營都沒有的暑假

今許多家長傷神的暑假又來了，暑假過了一半，孩子做了什麼，參加了什麼營，或者，什麼也不做？

什麼營都沒有，這是我家的暑假。

平日我就愛神遊，常常做紙上或線上旅行，現實中去不成的地方，看看總行吧。孰料電視旅遊節目也迎合暑假的到來，搞了什麼親子度假專題，孩子看著看著心也跟著癢癢的。

「媽，那個環球影城好好玩，我想去~哈利波特耶，好棒喔！」

「對，我同學就是要去那個樂園，媽，我們暑假就去那個樂園啦，我們就不要去〇〇了好不好？」

她指的〇〇是我費盡千辛萬苦規劃的克難背包行（可參〈錢很少但愛很大〉一文），今年的地點則是她們聽都沒聽過的鄉下地方。環球影城，真當我是提款機喔，這孩子又來了，真是不懂賺錢辛苦。

「你說的那個同學，她家應該家境不錯，而且只有她一個小孩吧。」我冷冷地回。

我很有把握，有許多資源、也捨得給孩子的家庭，通常只有生一個。

看吧，我果然猜得沒錯，如果資源都給你一個人，你妹怎麼辦？都給你一個人吃香喝辣，那我跟你爸就要吃土了。有得玩，就該偷笑，哪容你挑東挑西？

「……」

切～

除此之外，我並沒有為她們特別安排什麼活動或營隊，也不想讓已經很耗損的上班平日過得加倍的累，因為那不是我的暑假，我是有旅行規劃，但也僅短短數天（這樣就夠燒錢了）。

當孩子大到可以獨自在家安排生活時，我才真正感覺到稍稍輕鬆，暑假，你們需要自己看著辦。

看似放牛吃草、無章法，實則是得了個全然放鬆的短暫假期，孩子們其實有暑輔，真正屬於自己的暑假也只有不到一個月。

側看她們無所事事，偶而來跟我報告的暑假：追劇，這是一定要的。韓劇線上看、動漫、一些平常想看但沒空看的東西，暑假當然就不必客氣。當我們那個年代還跑租書店時，現在孩子的手中握有全世界。

找同樣清閒的同學來家裡清談，這是所有世代的孩子都需要的。孩子沒特別說找同學來，但我下班回來後看到垃圾桶有手搖杯的殘骸，書散亂各處，我少不得碎念她，要求她現在、立刻、馬上將東西各就各位收拾乾淨，也發現她們在沒有壓力之下，更願意任意翻看平常不會看的書，甚至還翻了我的心理學。

偶而，她會喊無聊，不過大部分的時候都有事情做。暑假對於弱勢孩子，是一個沒有營養午餐、沒有大人照顧學習的匱乏與危險時刻，但對於我的孩子來說，物質雖然不富足，但絕不缺少愛與關心，一個人在家並不孤單，可以睡更飽足的覺，做更多家事（這點我還在努力教育中），得到暫時鬆綁的自由。

有時候我回到家，見到門外拖鞋方向似沒有動過，問加寶是否都宅在家，她精神飽滿、神采奕奕地嘿嘿了兩聲。

這期間，我與先生曾有事需當天來回南部一趟，本沒打算帶著她，心想她也許更想和同學一起鬼混。

沒想到她知道後就吵著說：「我也要去。」

我說：「我是去辦正事不是去玩，一天來回開車7小時，你會很無聊喔。」

她說：「不會無聊啦，我在車上可以聽我的音樂啊。」嗯，這是一種車遊的概念嗎？既然要跟就不許抱怨，沒有什麼景點，只有休息站，辦完事情立刻回家。

加寶既然決意要跟，妹妹當然也就吵著要一起。沒想到這個純開車的行程，這兩隻顯然真的可以樂在其中，一開始兩個人真的帶著耳機各自靜靜地聽音樂，到後來則將車上變成行動卡拉ＯＫ。

回程的時候我把副駕駛座讓出來輪流給兩隻坐，她們則和她們的老爸有一搭沒一搭地聊天，那幾個小時幾乎就把整學期的事情交代完畢，聊了許多誰跟誰要好、誰又跟誰不好的耳語八卦。

真沒想到，大人對無聊的定義，對小孩不一定適用，也許我們太急著按照我們的定義把空白填滿，讓孩子失去了探索的樂趣，我們也可能失去了與孩子更接近的機會。

偶而擺爛無妨，人生很難得有空白呢。

心理師的建議

我沒有反對家長帶孩子去參加○○營（沒參加只是純粹不捨得花錢，哈），千萬別誤解我的意思。

現在孩子幸福的地方是，有那麼多資源與條件去選擇，那麼多精彩活動與師資，那麼多看得我都想參加的營隊。

對我家來說，因為父母雙方平常都有工作，無法名正言順的和孩子有較多相處時間，就算我們願意，孩子也因為有緊湊的學校作息而無法如願。所以，好不容易放大假，我非常渴望可以利用這段時間和孩子一起，做什麼都可以，或者可以什麼都不做。

但如果你有幸平日就有許多和孩子互動的機會（例如你是家管、在家工作或創業者），那麼參加營隊或親子活動可以增添生活豐富性與樂趣，也能藉由和其他家庭互動的機會，得到許多新刺激與想法，我認為這錢也花得十分值得。

14 錢很少但愛很大

暑假，嘿嘿，我得意地笑。老娘我早在半年前就搶了幾張廉航機票，放著預備用。雖然工作依舊煩悶瑣碎，但利用小空檔查查資料、規劃行程，想想孩子喜歡去哪裡玩，也是旅行中精彩的一部份。當我跟姐姐兩人嘰嘰喳喳興奮地討論時，旁邊的老爸搭腔了：「你們喔，有錢就盡量花啦。」老人家總是喜歡用反話來教訓人。

仍舊活在「出國就是花大錢」的舊思維老爸，無法理解廉航機票竟比高鐵便宜，出國玩可能比去墾丁一趟還省錢。甚至有許多人連阿里山都沒去過，卻已經看過富士山。

更何況，我更在意暑假這得來不易的相聚時光。孩子有暑輔、有社團活動，七折八扣之後，暑假只剩不到一個月，而且她們愈來愈大，大到已經不見得願意跟父母出遊，有一天她們會背起屬於自己的行囊，告訴我要去一個我沒去過的國家。所以我得好好把握僅存不多的時間，再過一個可以跟孩子溫存的暑假。

幾年前的暑假我就有這樣的危機感，可惜阮囊一直很羞澀，迪士尼、渡假村、環球影城等級的夢幻親子旅行已不可得，於是我跟孩子說，「我帶你們去『泰國迪士尼』，去騎大象、摸老虎好不好？」孩子們不懂迪士尼背後的金錢條件，但可以感受老媽知道她們喜歡動物的誠意，於是很開心的說好啊、好啊。

小姪女深受卡通影響，直嚷著要去看米老鼠、巧虎什麼的，我說：「看什麼巧虎？我們要去看真正的大老虎！還可以摸到牠的小鬍鬍咧～」（其實心裡想，要看到真的老鼠也不是難事吧）

那趟9人的家族旅遊，讓我的信用卡分期攤還到天荒地老，卻留下了盡興開心的旅遊回憶：摸到大象、老虎粗糙的皮膚，甚至餵了鱷魚、玩了拖曳傘，也有遊樂園等級的冒險活動，重要的是，這是全家人都有參與的美好經驗。

我知道自己的口袋不夠深，但這不妨礙我想帶領他們一窺世界的美好，就算再克難，也要讓他們看見這世界有很多事物值得欣賞、探索，而且經過對照才知道自己的足與不足。

後來，即使是自己給自己的慰勞假，拋夫棄女開小差去看櫻賞楓，總是在第二天就想念她們甜死人的笑容，然後必定忍不住每晚連線，盯著小螢幕看她們衣服摺好沒、功課寫完了嗎，然後再不捨地啾咪晚安，心裡想著，我下次一定要帶她們來。就算沒能力吃餐廳，每天去買超商便當坐在櫻花樹下、薰衣草田之間野餐也願意。

感謝這兩年廉航頻開航線，讓我的夢不再那麼遙遠，我把自己省吃儉用累積下來的年假，集中火力拿到暑假使用，我要陪著她們過暑假，直到她們不再需要我為止。我要記住十指緊扣時小手軟嫩的觸感、清澈見底的眼睛，還有她們那麼大聲的笑、那麼純粹的心滿意足，以便老了可以再細細回味。

心理師的心得

孩子還小時父母嫌煩，等到一長大就開始後悔。

才沒幾年的功夫，孩子就展翅高飛，不需要也不想要父母的陪伴了，找同樣是粉絲的朋友聽演唱會，找同學一起看電影，逛書店、文具店，如果他們想找你，那一定是要你去付錢。

許多父母都說，好懷念孩子小時候可愛的模樣喔，那時間太短僅有三、五年，但如果不再好好把握當下，你日後能追憶的，恐怕只剩下孩子的背影了。有些事情不能等，該花的錢很難省，我們沒有太多以後，現在就是唯一的選擇。

15 心理師的育兒之道

「你們再不把房間收一收，衣服摺一摺，我就要拍照，上傳到臉書！」看看像狗窩一樣的床鋪，到底是誰沒臉，是你們逼我的，別怪我心狠。

「叫你們洗澡是沒在聽嗎？到底要說幾遍？」音量逐漸提高，火山正要爆發。

「這次再考不好的話，零用錢就扣到下輩子～」冷冷地說。

不理性，語出威脅，這是許多父母都會說的話。我的頭上沒有光圈，不是聖人，當然也說了這些話。

這話，像是一個資深心理治療師說的嗎？為什麼不呢？專家為什麼不能有情緒？為什麼不能有負面情緒，不能像個「人」一樣在說話，有溫度、有起伏呢？專家回家後卸下身分，到底還是不是一個「專家」呢？

我認為，專家是在執業場所裡的角色，回到家之後，他（她）只是個很嘮叨的老媽、只想放空看球賽的老爸，所以在職業倫理上，心理師不能服務自己的親友，那會讓自己的治療失去客觀判斷與準頭。但，我的職業敏感度沒有下班，對人性的理解與接納也沒有下班，很多時候判斷孩子肚子裡藏什麼鬼主意時仍舊抓得很精準，判斷她們的喜怒哀樂也八九不離十，同時也較能覺察自己與孩子互動的態度。

很慶幸的，正值青春風暴階段的加寶，在某一次家庭介紹的作業中寫道：「我的爸媽很開明，我很幸福……」這真是青少年階段對父母的最大恭維，被老媽罵還可以說自己很幸福，表示我的大方向還沒有走歪，孩子還是能夠體會我的愛。

所以，話的表面並不重要，話裡面的態度才重要。我雖然常說，啊你們是要氣死我是不是？是不是要等我揍你們？她們雖聽出老媽真的發火，但也知道老媽從沒真的揍過她們，每次總是講講而已，而且講完之後就忘記；老媽心情好的時候，也絕不吝於親親抱抱。情緒雖不理性，但表達十分合理啊。

那麼，怎樣的教養方式最好？

嚴格有嚴格的規矩，民主有民主的自由，你盡可以選擇適合自己的教養方式，想想看要與孩子有怎樣的互動氣氛，訂做屬於自己的風格。

這點不需要問專家，不管想執行哪一套，一定要讓孩子了解你的遊戲規則，那種「以後你就會了解我的苦心」的悲情請收起來，這不是鄉土劇情，迂迴、無法坦誠的溝通，而且不讓孩子靠近你的心，哪來的以後？

孩子的心臟沒有你想的弱，不會因為一句重話就玻璃心碎滿地，他會理解你愛他的方式，適應你的教養法則，只要你言行一致，叫小孩不玩寶可夢，自己就別偷偷玩；要玩，就大家一起玩！

適當的責備與督促是必要的，我不想打著民主的旗幟，忽略該有的責任與規矩；也不願當個虎媽，讓孩子不願接近我。

我，身為心理師的育兒之道就是，坦誠直接，心口一致，有屁就放，沒有說教，雖然偶而也會說一點教啦。

在教養的經驗裡，專家也一定會犯錯，我期許自己能及早發現自己的錯，並且不再犯一樣的錯。

心理師的建議

做父母似乎就該扮專家，但我發現，不必扮專家也能贏得孩子的尊敬。現在資訊來得又快又多，孩子更新的速度比你還快，有問題不懂的，孩子難道不會去問 google 大神嗎？

若要跟孩子說人生大道理，那套「想當年～」跟「以前我們都～」也都缺乏說服力，要知道那個想當年距離現在也至少20多年以上了。

難道我們沒有可以教育孩子的施力點嗎？當然有。你的一舉一動都深深影響了孩子，嘴巴上說自己可以溝通，規定卻一堆還不准孩子反駁；嘴巴上說愛，卻會罵老公、打老婆；當然啦，那些不准孩子碰菸、碰酒的癮君子與酒國英雄，會來跟我抱怨孩子不聽他的，也就沒什麼好意外的。

孩子會看出你的言不由衷，也會不屑你的言行不一。我這個可以算心理學專家的建議是，就老老實實地當個父母吧。屬於父母的煩惱、脆弱與驕傲，毫不隱藏地都讓孩子知道，讓孩子知道你不完美，但很努力、很盡責，這樣就夠了。

16 說疊字，好棒棒

哪個父母不是從孩子小時就這樣講：

「趕快去洗早糟（澡澡）、洗香香，等等就可以吃反凡（飯飯）了。」

「今晚我煮你最喜歡的免眠（麵麵）給你吃～」

或者是：

「你看你，摸起來燙燙，來，多喝一點水隨（水）就可以快快好起來了。」

「我最喜歡親你的輾年（臉臉）了。」

此等肉麻更化為一般日常用語：抱抱、親親、守熟（手手）、角嚼（腳腳or覺覺）、噓噓、蓋被被、脫鞋鞋、大車車，甚至連大人間的對話也不少見，例如開開心心的、平平安安的，很難正常地說話。

這是一種安全的退化，就像親暱戀人之間的幼稚話語，你需要藉由寶寶語來表達愛的感覺，那種你很在意，很想好好呵護，很想用更多的加強語氣，類似低聲呢喃的發音來展現你的愛，情不自禁。

連孩子自己都說：「馬麻幫我擦屁屁～」並非不會擦，而是想撒嬌。

「我今天不想穿裙裙，想穿褲褲。」

那種「說疊字會妨礙孩子語言發展」的論調不免矯枉過正了，至少我在兒童心智門診的臨床經驗中，還不曾遇見過說疊字會妨礙語言學習的，反而藉由觀察人們說疊字的情況來評估其情感退化程度。

疊字跟真正的語言發展並沒有直接關連，相反的，會跟孩子童言童語用疊字的，表示願意與孩子同一國，願意用直接的方式讓孩子感受到關心。

當然，我自己並不刻意避諱說疊字，甚至還很愛說，如果不說「我要煮免眠給你吃」，就無法表達出我想為她們洗手作羹湯的甜蜜感覺；如果不說「你過來我要抱抱」，小孩就不會用跑百米的速度投到我懷抱中。她們懂得是，其實她們的老媽有時也想要撒嬌。

小孩自有一把斟酌的尺，知道什麼時候要切換成大人語。當加寶一脫離低年級小孩的行列後，就不屑地把所有低於她年紀的人稱之為小屁孩（我心想，你也不過從小屁孩變大屁孩而已），更不准我對她說疊字。

自從有幾次不小心說漏了嘴，被個性強烈的加寶白了幾眼之後，我就學會在開口講疊字之前踩煞車，在最短的時間內將兩人的對話語氣切換到大人模式。

還好，我還有廷寶這個小屁孩以資安慰。

某個暑假，廷寶也正式進入了升高年級的階段，我不知道那條默默流動的成長之河居然早已匯聚成了大湖，我以為還是愛撒嬌的小女生，漸漸地也成為半個小少女了。

當夏季的游泳課曬得她兩隻手臂、脖子上的皮膚有明顯紅腫曬痕時，我擔心她發癢疼痛，於是說：「我幫你擦擦~我有一個東西塗上去涼涼的，你會很舒服……」我已經習慣用淺白的字眼跟她溝通，擔心她聽不懂，我忘了她已經要升五年級了。

「你可以直接告訴我那東西是什麼。」廷寶說。那個，ㄜ……其實就是曬後凝膠，可以舒緩曬後不適與紅腫的保養品。

「還有，馬麻你不要再說疊字了！」廷寶終於發作了。

不能再說疊字的我，突然有一點落寞……。

心理師的心得

講疊字是育兒的樂趣之一，這不是每個父母都有機會享受到的，是只有當孩子還能跟你緊緊相擁，十分依賴你的時候才有的特權。

我曾經有過。每次想要和孩子用疊字來描述某個東西時，孩子大大的、無辜的眼睛彷彿什麼都能相信，我就忍不住想要說更多，想要和她站在同一視野觀看世界，而她的世界正充滿著我告訴她的花花、草草、車車等東東。

但這樣的幸福太短暫，就像熱戀時的疊字一樣，過度的熱情衝腦下，智商就容易掉到幼稚園水準，兩方都以這樣的童稚發音肉麻當有趣：「美美 der～痛痛嗎？我幫你呼呼～」

可惜沒幾年，戀人們比較清醒了，孩子也很快就長大了，疊字的樂趣很快就消失無蹤了。

17 被封鎖的滋味

這年紀的孩子如同狡兔三窟，人雖在家，卻也希望自己不在家，所以寧願在網路世界中建造自己的小小基地。大概是她升國中前後吧，某天我突然發現我口中的「加寶」名號，在臉書上已經搜尋不到了。

其實我不會刻意注意她的動態，平常掛在臉書上只專注於自己的話題與天地，雖然臉書朋友群分布甚廣，有大如78歲的老爸，也有小如9歲娃的廷寶同學（為何會有小小孩？因為9歲娃同學的邀請，盛情難卻），但不會特別注意「非主流族群」的動態。

是某一天加寶的阿姨、我的姐姐，大驚小怪地來報告，為何她被加寶封鎖了？我一查，果不其然的，我也被封鎖，雖然理智上可以理解，但還是有些不是滋味，彷彿她有了自己的新家，卻不願意給我她家裡的鑰匙。

她不想用父母為她所設立的臉書帳號了，用乳名好丟臉，她想另立一個以她為主權的帳號。我知道就算心裡再不是滋味也必須接受，還好我的驚嚇程度沒有她阿姨大，她的阿姨在下一次看到她時便質問此事，並玩鬧似地說，好，新的個人帳號既然不肯給，那起碼也讓我們這些家人加入她的動漫粉絲團，保持一丁點網路上的連繫。

她無法拒絕，因為動漫粉絲團是公開的，只要按讚，就能持續追蹤。有一天，她PO了新的畫作，我看了當然隨即就給個讚，搶到所謂的「頭香」，沒想到人在房間的她馬上大聲抗議：「你不要按讚啦～取消啦～」我丈二金剛摸不著腦袋，按讚也不行嗎？難道她是嫌棄老娘的讚，寧可希望是同儕按的？

這次換我不爽：「按讚也不行你到底要怎樣，有本事你就設隱私別讓我們看見！」

我氣她的反應過度，氣她想長大的同時，還要把我推到千里之外。

她默默不出聲。過一陣子我倆氣消了，剛剛情緒性的語言漸漸平復，又恢復了有說有笑，她不再提臉書的事，而我卻有點受傷，原來這個年紀想要的自由，比大人所想的還要多。

伴隨著封鎖原有帳號的舉動，她漸漸收起小時候肆無忌憚的大笑，開始擺酷，連話都變少，但不代表她冷漠。她仍舊在上學出門前刻意躊躇幾秒，被動等待她老娘上前去輕輕啾她的臉頰一下，然後微笑轉身離去。其他時間，她不屑像個小屁孩一樣黏在大人身邊，想上前去牽她的手，她會很不自在地甩開；想要與她拍個照，她會用手擋住臉，把頭別過去，除非是年節慶生大夥兒的闔家團體照，她才會不甚甘願地抬起頭配合，但那個比YA的手勢，不小心透露出她其實還很稚嫩的心。

她還是會在母親節當天很理直氣壯地說：「我要段考，沒空準備禮物。」然後在兩個禮拜後，我幾乎忘記這事兒時，「補送」我母親節小禮物。

某天晚餐時分，一回到家，赫然發現桌上有加寶提早放學溜回來做的玉子燒，還有一支母親節那天大家用剩的紅色塑膠康乃馨，紙條上歪斜的字體寫著母親節快樂。唉，真是哭笑不得啊。

心理師的心得

我想和全世界被孩子封鎖的父母一起討拍拍~

這一天一定會來，而且終於來了，別以為孩子永遠「是你的一部份」。我們暫時被孩子逐出他們的王國，無法互設辦事處，只能提供經濟援助（這算哪門子的「邦交」啊），顯示出為人父母的「外交困境」。

沒關係，我深深相信孩子會有需要我們的地方，我們不是要綁住他，而是要提供他安全感，讓他知道我們可以無條件地接納他，受傷受挫都不要緊，這裡提供一個不一定有高明的意見，但一定可以吃飽喝足，然後再出發的地方。

18 紅包，我幫你花

過年了，拿紅包了。當小鬼們喜孜孜地拿到紅包，臉上笑容還沒消失時，她們的老媽就像嗜血的禿鷹，站在後面冷冷地說：「紅包，拿給我。」

臭小鬼是兩方家族的第一組孫子輩，自然是疼愛萬分，叔伯姑姨加起來亮晃晃一大疊紅包，說我不想A走是騙人的。

小的廷寶很認命，乖乖奉上，老大加寶很懂錢的價值，開始抗議了：「為什麼？為什麼要給你？那是我的壓歲錢！」儘管抗議了，卻抗議得小小聲，很微弱，因為她知道她老媽要拿去繳學費、保險費，繳很多很多的錢。

「乖，阿木不會都拿走，我會做分配，給你們該有的部分，你們還是可以去買喜歡的東西啊。」廷寶一聽，還是可以買她喜歡的貼紙書、畫筆，馬上露出欣喜的笑容，但加寶沒這麼好騙，她仍舊嘟著嘴，盤算著這是一件不公平的交易。我當然不是省油的燈，馬上接口：「我剛好想幫你換隻新手機，所以過兩天就帶你去挑。」既然如此，加寶就閉嘴釋懷了。

於是我讓她們自留了小紅包，然後把其他大紅包放進我的口袋。當然我說到做到，真的帶加寶去看手機，但我也有我的如意算盤，Iphone 給小孩用太浮誇，平價、性能穩定就好，反正新年新玩具，大家都開心。

我還得盤算她們開學後的花費，並藉此補上本戶的財政缺口，所以「紅包要幫你們存起來」這話我還真是說不出來，不如說「紅包我幫你用，但該給你的絕對不會少」。

如果明著是要處理孩子的所有花費，為何不能理直氣壯呢？如果手頭有餘裕，當然可以很凱地說：「壓歲錢你們要自己收好喔。」有個媽媽告訴我：「我替小孩辦定存，我告訴他們，存錢很重要。而這些年累積下來的小錢還真不能忽略，等他們念大學時，用之前攢下的錢出國玩綽綽有餘……」但那是真存錢，而非打著存錢的名義，讓錢消失在黑洞裡，等到孩子長大後問：「啊你不是說幫我存了壓歲錢，那我的壓歲錢咧。」

咳咳，什麼錢（徹底裝死）？

我養你還不夠花錢嗎？你那點壓歲錢拿去繳學費、繳貸款還差得遠咧（直接惱羞成怒起來）。

家長如果要這麼任性地回答，孩子當然心裡敢怒不敢言，但這已經失去了過年拿壓歲錢的喜氣感，而且孩子抱著「自己專屬私房錢」的微末希望就這樣幻滅了。

還是先劃分出責任區，該給小孩的就是小孩的，雖然不夠大包，但總比沒有好。剩下的部分，該用的就理直氣壯地用，小孩會懂的。

心理師的建議

以上為孩子規劃、謀略，並代為花錢的做法是國中以前。國中，甚至高中之後就得跟著調整，不只是壓歲錢，甚至是平常零花都得隨年齡、物價調漲。孩子有自己的興趣嗜好、朋友社交，那通通需要花錢的。如果孩子連和同學去小聚喝飲料的錢都沒有，那你就是讓他沒朋友的間接兇手。

當我聽到門診有高中生跟我說，她的零用錢是一天10塊時簡直要驚呆了。她不是沒想要抗議，但媽媽是會計師，說是要讓她明瞭金錢的價值與賺錢不容易，當然，會計師母親要說起理財大道理的話，小孩一點反駁的餘力都沒有。

也有的母親自己是用便宜的綁門號零元手機，螢幕貼早已裂得一塌糊塗，邊角殘破不堪，但當孩子說要買手機時，卻二話不說買最新的 iphone 給他，這又是另一個極端的例子。

請拿捏屬於自己家庭財務水準的金錢觀，以上兩例的作法都顯得太矯情，孩子會因此認知失調，搞不清哪個才是合理的了。

19 到底是誰的才藝？

這學期開始，唸國中的加寶說，不想學跆拳了，我想想也好，練到二段也夠本了，眼看她也沒機會去奧運就算了，而且學到後來意願低落，有一搭沒一搭，出拳、出腳軟趴趴，連我看了都難過。

她說，想學跳舞，正在迷韓團，滿腦子都是街舞。好，但要跳什麼舞咧？想跳TWICE（某韓國女團）？OK啊，加寶媽也好愛子瑜喔，只是不知道哪裡可以跳子瑜的舞，上網查了個老半天，終於找到一家看起來正派的舞蹈教室。一如往常學才藝的模式，加寶媽親自出巡探訪了解之後，確定環境可以就報了名。

於是加寶很開心地每周六去跳舞，連期末考前也一樣，當拿國旗道歉事件的新聞鬧很大時，很多人才開始知道子瑜，而我家加寶已經會跳子瑜的舞了呢。快樂地學完6次課後，她說，想要繼續學，這次想學別的MV。

好了，看到這裡不要誤會我家走溫馨路線，她老娘個性好說話……。我只是覺得時機到了，而且，學才藝是誰的事啊，學得好或不好都是你的事，跳得爛你不會不好意思我也無話可說。

有些虎媽會督促小孩每日學琴（鋼琴課很貴的），拿根棍子什麼的站在後面。我只是不喜歡拿根棍子站在加寶後面，這樣腳會很痠。雖然平常已經很兇，已經黑掉了，不差加上一筆，但，我實在沒勁兒在這件事上繼續吼小孩，平常工作很累了。

但這不代表我十分民主，給小孩充分自由……。拜託，我花的是辛苦錢，閃亮亮的鈔票，只要答應要學就要給我好好學！所有致力給孩子最好的父母無不這樣想，我也是。雖說要快樂學習，但難道堅持度不重要嗎？為自己的選擇負責不重要嗎？所以在學習過程中，我的原則就是要堅持，並努力用溫和而堅定的態度面對。

「馬麻今天很冷，我不想練啦～」

「這理由不准。」

「我現在肚子好痛，我不能練了。」剛剛明明還好好的，分明就是「心身症」（心理困擾造成的身體不適）發作，哼，你媽是心理師早看穿了，不准（翻白眼）。

「我不想去練啦。」很誠實。

「為什麼？」

「因為上次教練教的我沒練，這次去一定會被罵。」不得不說出實話。

「沒練被罵就只好被罵啊，你媽也沒要你比賽，就只是去練練身體而已。想想上次體育課跑一千五百公尺時，還有同學昏倒哩，要不是平常有叫你運動，你怎會跑得這麼輕鬆？」其實我心裡想的是，活該，叫你練你不練，這個月學費我才剛付完，由不得你不練。

好說歹說、費盡唇舌，跆拳居然也學了7年，身上色帶一路從白帶、紅帶，到黑帶一線、黑帶二線。終於，撐到了國中，我知道接下來課業繁重，需要順勢而為、不能勉強，我這個兇兇太后終於准了加寶所奏。

因為，學到二段也夠本了。小孩學才藝要喊停，可以，但一定不能在一開始半途而廢，如果累積到某些基礎了，不想學的話再來稟報上奏。

而且國中階段已經很苦悶了，就練個開心一點的才藝吧。

以上是民主嚴格兼而有之折衷派老媽的作法，僅供大家參考。

心理師的心得

才藝課到底是不是必要？

小時候我並沒有花錢參加任何才藝課，除了當年才藝課的選擇不多，而且風氣未開之外，一般家庭也沒有什麼才藝課概念，倒是跟著老師寫了幾年的書法。同學間不是沒有人學鋼琴、芭蕾什麼的，但那是上流家庭的娛樂，我家小康是沒條件去想的。

缺乏才藝課的我倒是培養了自得其樂的優點，我會自己閱讀，主動找尋嗜好，不會有人逼我。長大之後我反而成為別人眼中「有才藝的人」，從高中到大學當了好幾年的學藝股長，甚至成年之後出了許多書，愈晚愈開花。

現在的我願意為孩子創造學才藝的機會，而且我知道「小時了了，大未必佳」，才華需要時間的累積與等待，我期待父母懷著輕鬆的心情帶領孩子學才藝，並且不把才藝當成炫耀的工具。

20 我在下一站等你

今年夏天對我們家來說有個重要的意義，兩個女兒都各自畢業，即將邁向下一個里程碑，一個升國中，一個升高中。

愈來愈早的上學時間，愈來愈多需要獨立處理的待辦事項，我這個做媽的看似能鬆一口氣，至少減少了接送上學的奔波，但放手不代表輕鬆，這表示就算我再不放心都必須讓她們自己開步走。我得忍受她們可能會犯錯、跌倒，例如拿了一張39分的數學考卷也能不動聲色，要她們為自己的成績負責。

一直以來，孩子考得好或考不好，我都沒有任何的獎勵或罰則：因為這是你的考試，你該念的書，不是我的。

心理學的行為學派根據操作制約得出的結論是，若做一件該做的事情背後與酬賞或處罰相連接的話，該事情的自發性就會被削弱，我們只會為了得到酬賞或者害怕處罰來決定該不該做。

也許你是個嚴厲，或者寬容的父母，你有你對孩子的期待與教養態度，很努力地想幫孩子打好基礎。不管採取什麼態度，你已經盡其所能，用你覺得最好的方式了，接下來呢？

在青少年的衝撞期階段，你開始發現原來順服的孩子不順服了，原來貼心的孩子沒那麼貼心了，叫他們收個衣服要講3次，還得到一個要死不活的「喔」、「嗯」，有發出聲音還好，有時更得到一個無聲的白眼。

對手機微笑的次數比對你微笑還多，在房間講手機也比跟你講的話多很多，常常擺出一副被欠三百萬的臉。不過當跟他們澄清時，他們則無辜地說：「沒啊，沒在生氣，沒有心情不好啊。」

他們開始學做自己的主人，只是尺寸還拿捏得不是那麼好，力量不是太多就是太少，只挑自己想做的事情努力，所以在前往下個階段之前，我們必須調整好父母的腳步，不管你願不願意，都必須讓孩子自己來，讓孩子有足夠嘗試與犯錯的機會，才能在成年期之前學足經驗、完成準備。

在這期間，我們的保母任務結束，變成教練與夥伴，在旁邊給建議與加油吶喊。直接的教導已不再有效，像個大人般的討論與商量變成較能被接受的方式，如果仍執著於命令式教導的方式，只會讓孩子更晚熟，更習於依賴，難以培養自我的力量，成為別人眼中的媽寶或爸寶。

而孩子對於下個階段的來臨，無不是充滿期待且興致勃勃，她們正充滿好奇，正在充電成滿滿的能量，即使是我在門診中遇到的不開心青少年，對於有機會重來也是充滿期待。

對於這些青少年個案而言，不管是同儕衝突或者課業壓力，似乎都會隨著這階段的結束而畫下句點。一旦他們離開原來的脈絡，壓力得到緩解，復原力就會得到充分的空間而開始發揮實力，在下個階段可以重頭開始。

有個在國中始終受到同儕排擠的厚片妹妹告訴我，即使很努力也無法順利融入班上的大圈圈，三年期間都沒分班的她，自認在一開始被其他同學誤解時就失去了機會。即使在我看來她其實有很努力地嘗試，外表雖然不出色卻也盡全力爭取社團上的表現，還拿了一個才藝獎，但她仍舊認為自己只是組了一個「失敗者聯盟」，和少數幾個和她一樣不受歡迎的人在一起罷了。每次晤談總是表情黯然，有時流著淚，有時則是氣憤地大聲數落那些言語霸凌她的人。

在考上高中後那個暑假的第一次晤談，她不同於以往的神色，眼睛閃著光，訴說即將進入的下一個階段。

「我要離開台北去○○念書了，喔耶～通車沒關係啊，因為那裡一定不會有認識我的人，我要去那裡重新認識朋友，展開新生活了！」

難道不擔心自己的外在會再度被取笑？這年紀的女孩最在意外表。「安啦，我過個暑假一定會比現在瘦，就算沒變瘦，我在報到時已經有看到好幾個比我胖很多，我還好啦～」她居然安慰我。

不是才說不要失敗者聯盟嗎？怎麼又變成麻吉姐妹會？

只要離開那個施展不開、難以挽回的舊環境，她就可以用不同的眼光、充滿信心地看待自己。

學期將要結束，對孩子的依戀、不捨都帶著祝福，父母要和孩子一樣相信接下來的各種可能。

不管未來如何，下個階段都值得期待。

心理師的心得

經過幼年的提攜以及青春期的衝擊，我想青春期的父母已經練就了刀槍不入，沒什麼教養難題可以難倒你們了。

不過人生才過一半，從現在開始要重新學習獨立，不在情感上依賴孩子才是真的愛孩子，要讓孩子可以放心地飛。所以下一個階段就是要把生活重心漸漸放在自己身上，並做好有一天從工作場域中撤退、找到生活其他目標的心理準備。

有一天我們總會退休，孩子總會離家，這段時間該做的準備工作可真不少，例如父母需要調整心情迎接沒有孩子在身邊的日子，孩子也是。對孩子來說，上個階段做得不夠好，下個階段仍舊有機會重來，接下來還會有種種驚喜值得期待。至少要花幾年的時間，才能漸次調整成適合他們的樣貌。

所以不能急，但是該積極，我們要一起獨立、一起改變，變成腳步可以一致邁開的節奏，陪伴孩子接下來的成長。

Phone 3

手機世代的社會現象

前言

跟孩子該怎麼互動、怎麼溝通？

這個傷腦筋的大哉問或許會是父母一輩子的課題，值得我們不斷進修，內容多到值得佔去一整片書店的書牆，我們不斷在犯錯中學習，過程中的滋味實在好難形容，不是箇中人難以體會。

其難度不只是家門內（自己的狀態、家人各自狀態的好與壞），還包括家門外的一切。我們很難關上門養小孩，外界所有想要跟不想要的，都有可能流向家裡。

人與人相處的議題並不因為有網路之後就可以偷懶，反而比以前更加重要，想想愈來愈多的網路感情詐騙、情人要求復合不成或者劈腿後的情殺、網路言論霸凌等，顯示出雖然對知識的取得更容易，但人與人之間的互動練習光靠網路是沒有用的。

這也給為人父母一點利基：孩子觀念很多、想法很多，但體驗太少，我們有責任在這個部分提供一些經驗上的智慧，尤其是如何保護子女不受侵犯，也教導孩子不去侵犯他人，並學會在人際挫折中接受失敗，增加對壓力的因應。

我們現在身處的這個多元世代，出現了更多過去沒有的議題，包括更多政治、人權、社會現象的討論。例如過去威權時代下，許多長輩對政治議題噤聲，既不想討論也厭惡政治，但現在世代的孩子一個比一個更勇於發表意見，還熱心參與。這也就算了，還走上街頭！對於中世代的父母來說，這樣的轉變你不能視而不見，新世代已非乖乖聽長輩安排的一代，而且常常跟上一代意見相左，我們面對這樣的差異都頭昏腦脹了，又該如何調和、看待這樣的差異？

這些世代觀念衝突也一定會影響手機世代，千萬別以為只有網路問題才是手機世代會面臨的問題。

還有更多社會現象看似與手機世代無直接關聯，實際上也影響了手機世代的生活，例如台灣已經在二〇一八年正式邁入「高齡社會」（意即65歲以上的老人超過總人口的14％），老化社會帶來的青壯年照顧與撫養負擔加重等問題，對於少子化的下一代來說將更顯得吃力，你也不能說這與手機世代無關，這些年輕世代會承擔的，顯然比我們預想的要更多、更困難。

未來不能預料，但總能先準備、先打預防針。家庭可以是舒適圈，但不能變成安逸的失樂園，期待我們能更勇敢地面對各種社會狀況，勇於和孩子討論，讓孩子漸漸地和社會無縫接軌，成為適應良好、身心健康的社會人。

01 別讓孩子成為厭世代

我們的孩子是啣著滑鼠出生，擁有最好物質生活與最好學習環境的一代，不過卻很可能是最空虛迷惘的一代。

準備好面對孩子的現實了嗎？

這已經不是一個「努力就會有收穫」的社會了。也就是說，努力不一定有收穫，但不努力一定沒有收穫。

先看看介於我們與學齡孩子之間的年輕世代。

主計處公布二〇一七年台北市每月的消費支出為兩萬九千兩百四十五元，想想現在年輕人出社會的收入，有多少低於這個數字的？還不論超過2成的學子申請了學貸，一畢業就有30萬的債務等著他。（以上資料參《厭世代——低薪、貧窮與看不見的未來》，作者吳承紘，月熊出版，二〇一七年11月）

當年輕人每個月的所得竟不敵消費水準時，我們真的能夠想像自己的孩子日後踏入社會拚搏的模樣？

我無法想像，至少我是心疼的。

看看門診中那些掙扎求生的年輕人，頂著不錯的學歷卻只有一份可憐得要命的薪水，沒有家產可以靠，甚至還要拿錢回家。那些從中南部北上發展的孩子更是被錢追著跑，扣掉房租、水電、交通費之後，幾乎成為窮忙族、月光族。

有非常多詞彙描述這個年輕世代的種種樣貌，例如「全拋世代」（拋棄夢想和希望）、「厭世代」（對現況心懷不滿又無力改變）、「佛系男女」（不特意追求，一切隨緣），這些詞彙的交集就是：對社會失望，不敢有夢想與希望，無力感，追求小確幸，不敢有大野心。

如果你知道自己工作一輩子也買不起房子時，該如何有希望感？或者是說，年輕世代並不認為買不起房子等於沒希望，是我們自己不理解。

不能接受新觀念、新世代的是老人，不是年輕人，所以該學習更多的是父母而不是小孩。

在我們還沒有全盤了解社會整體樣貌之前，可以先閉上自己幸災樂禍的大嘴巴：為什麼這麼簡單還學不好？為什麼別人做得到你做不到？不然就隨便找個打工賺零用錢啊，外面不是很多手搖杯飲料店？你怎麼才這麼點薪水？為什麼不換個好一點的工作？

面對自己的孩子，我們有更多的不理解。我很難想像，我孩子班上的總人數比我童年的一半還要少，這對他們未來的就業與就學環境帶來什麼影響？當我的孩子長大之後，每個人至少要照顧3位老人，這對於他們的生活品質將造成什麼衝擊？

很多問題開始浮出水面，而我還沒有答案。我們好愛孩子，但孩子的世界需要孩子自己闖，我們能在他們背後做些什麼嗎？該做得再多？還是該做得再少？

在還沒有答案之前，應該先調整好我們的腦袋。雖然我們無力扭轉整個經濟趨勢，但總能當孩子的靠山，而不是靠北，靠北孩子不夠努力，應該這樣不應該那樣。

你能接受孩子只想做兼職，不想做正職嗎？

你能接受孩子沒有存款，不想考慮太遠只看現在嗎？

你能接受孩子動不動就用各種理由出國，而不會叨念他半句嗎？

不管你想不想，這已經是這個世代許多年輕人的樣貌，過沒多久，更年輕的年輕人會留給我們更多驚嘆號。

我們該做的，是去了解孩子未來可能遭受什麼困境，尊重他們的選擇，不要基於自己的認知與想像去替他們決定。

未來會變成怎樣的面貌，可能不是我們有限的腦袋可以想像，不過我們可以選擇相信我們的孩子，相信他們一定可以好好地走自己選擇的路。

心理師的觀察

在不完全了解問題之前，先了解他們的困境。

在批評之前，先了解他們為什麼這麼想、這麼做。

把孩子只想兼職解讀為不求上進，你就看不到現在社會的勞工困境；把孩子的沒有存款解釋為把錢花光光，你就不會知道為什麼薪水那麼快就會花光，或者花錢背後是不是有情緒宣洩目的。如果是，累積的壓力情緒難道不用去了解嗎？

了解的愈多，就算能做的不多，孩子也會感受到你的願意理解，就能很安心、很有安全感地去面對困難。

02 馬桶上有尿～高齡社會下的困境

家裡有老人家需照顧的，辛苦的不僅是家人，連老人家自己都有許多難以被理解的無奈。年輕的孩子也需要多了解老人困境，增加他們對人的感受性與柔軟度。

眼前這位90歲婆婆，即使坐在輪椅上，氣質仍雍容高雅，頭髮梳整過，衣著端莊正式，不讓自己像個病人。

身旁陪著的外傭阿麗已照顧她4年多，從她照拂的動作來看，也算盡心盡力。通常陪著老人家來就醫的外傭都會顯得更殷勤周到，主要是因為雇主常常就在旁邊，且需留給醫生「照顧得不錯」的印象，所以想光從外傭口中就得知病人的真實樣貌，有些不容易。這不一定是欺騙、造假、怕被太太罵，而是顯現出看護勞力的辛酸及必須討好，這年頭看護不好找，好的雇主家庭也不好找。

能撐幾年的，不是勤奮認真，就是和這家人很投緣，或者兩種都有。這老人家的子女皆未同住，平日僅與外傭兩人，兩個月前剛開脊椎的刀，現在坐輪椅，手腳還柔軟有力，並非長期臥床的癱軟僵硬。

「婆婆講國、台語？耳朵聽得到？不用眼鏡？」我飛快地詢問身旁家屬，先確定與婆婆溝通的方式要不要切換成不輪轉的破台語，靠近哪隻耳朵說話比較清楚，再拿捏座位距離讓婆婆辨認出我是男的還是女的。

一問婆婆是大學畢業的公務員，一直做到退休，我心裡大致有底，如果功能沒衰退太多的話，一般溝通應該十分OK。然後我留下外傭之後，請其他家人在外等候。

超過85歲以上，老人失智的機率會逼近50%，何況這個婆婆已經超過90歲了。來這裡的老人家多半是來測試整體認知功能退化的程度，最重要的是記憶。按照施測慣例，我先用簡單的問題暖場。其實不管能力如何，依照施測標準都必須從頭問到尾，只是從簡單的先來，受試者挫折感較小。

今年幾歲、現在的年月日、重大節慶，這些基本認知通通過關，婆婆在聽完問題之後立即回答，沒有半點猶豫。

「很簡單齁～」我稍緩做測驗的緊繃感並暗示接下來會愈來愈難，她嘴角一撇地笑了笑。我們繼續往下做，沒什麼太大問題，婆婆除了少數零星的遺忘外大致都回答得出來，才正順利地進行著，婆婆突然喊停。

「我想去廁所。」進來前才去過廁所，不過20分鐘又想去了。原非漸癱的病人，若突然失去行動能力，會連如廁都沒有安全感，老覺得有尿意，不解不安心。她跟我要了衛生紙，我順手抽了幾張放在眼前的抽取式衛生紙給她，她抓在手上，傭人阿麗有點煩躁地將她推往廁所。

花了比平常人如廁更久的時間，她們終於回來了，我繼續往下做，婆婆雖然口裡應答著，但表情沒有剛剛放鬆，難道是題目愈來愈難了嗎？

回答幾題之後，婆婆又喊停了。

「我要擦……那馬桶髒，我要擦……」她喃喃自語，自己抽了眼前的衛生紙，然後自己試著要將輪椅轉向門口，逼得阿麗不得不採取行動。

「波頗～這不是你家，這不是自己家啦，你不要管……」外傭阿麗用生硬的國語回答，急急地阻止她，因為她想回頭去擦馬桶的尿漬。這婆婆家教也太好，連外面廁所的馬通蓋也想要擦。

「婆婆，那沒關係啦，我請固定打掃的人去擦，你不用去擦啦～」我也搭腔，想說每個人都像這婆婆一樣，公共廁所就有日本的水準了。

「唉，不是，不是不是～唉，你……」她急急地搖手，另一隻手抓著那把衛生紙揮舞，愈是急，話愈無法說清楚。

「你就不用去擦啦！」阿麗也跟著急起來，很想透露不耐但不敢太明顯，她每天光是帶婆婆去廁所就不知跑了數十趟，馬上就可以回家了，何必再惹一事。

婆婆無奈地放棄對阿麗說明，轉頭對著我說：

「剛剛我一屁股就坐下去，上面是濕的，唉，我要擦，我要擦……」

我終於搞懂了，原來她要擦的是自己的屁股，不是馬桶，她坐到了別人的尿漬。「我就當用家裡的，一坐，結果（嫌惡），那是濕的啊～」阿麗做了無數次的相同動作已經自動化了，哪裡會管那麼多。機械式的脫褲，等待，攙起，擦拭，拉上，一連串行雲流水快速執行，她連交代阿麗擦大腿尿漬的時間都沒有，阿麗就以迅雷不及掩耳的速度為她拉上褲子。

這下那褲子……，也難怪婆婆表情難受。

就算腦袋沒秀逗、沒退化，但這不爭氣的90歲軀殼，連抬屁股的力氣都沒有。「如果我是你，我也會很難受的。」她看起來沒那麼氣了，有點消氣似地點點頭。

我又拿了更多的衛生紙，跟阿麗說：「再麻煩你幫婆婆擦一次屁股，謝謝。」我沒有去注意阿麗的表情，不管是哪種表情我都會覺得不忍。

當我活到90歲時，前提是我並不想活到90歲，不過這是老天爺決定而不是我，但如果老天爺就是讓我活到了90歲，而我連抬大腿、擦屁股的力氣都沒有時，我一定非常懊惱，想著人要活那麼久幹嘛。

這是個我會永遠放在心上的問題，人生種種一切，到最後只剩下想擁有一個乾爽的屁股了。

心理師的建議

關於這個議題，我想與孩子討論的是，老化與死亡原來離我們並不遠，因為除了我們之外，我們還會面臨自己的父母。當我們先面臨自己父母的老化問題時，孩子也不可能置身事外。

在我服務老年病患的過程中發現，常常陪同來看診的不是忙於工作的父母，而是比較有辦法請假的孫子女，他們對老人家的病程或生活近況常常一臉茫然，雖然深知孩子只是代班，不知道怎麼述説老人家的症狀，但如此一來卻增加我們在診斷上的難度。

不如一開始就讓孩子理解失智與老化是怎麼回事，老年人常見的毛病有哪些，也讓孩子多一點對老人家的關心與體諒，並且知道阿公、阿嬤不是永遠等在家裡替我們準備好吃的東西，而是突然有一天會永遠消失，讓他們更珍惜與老人家相處的日子。

03

逃避很有用也不可恥～過自己想過的年

在晤談室裡和個案面臨各種問題時，最大的考驗之一就是過年。有時候不必等我提出，對方就會很苦惱地主動問：「心理師，我想談談過年我該怎麼辦？」這個話題讓我們進入備戰狀態，開始研擬過年的教戰守冊：如何在自己的需求與家人的期待之間取得平衡？如何與某些家人劃出界線？如何在不斷被踩線的情況下控制自己的情緒？

為什麼原本該和樂的時刻卻變成最掙扎的抉擇？說穿了，就是這個家一開始便缺乏和樂的基礎，沒有安全感，只有受傷與破壞。也許偶一為之有親情的流露，但我的個案早已心死。早就風雨飄搖、不堪一擊的微薄親情，加上更多自以為是、不恰當的關心，只會讓當事人跑得更遠。

我很希望來這裡的個案只是少數，但愈來愈多的臨床觀察發現，這只是冰山的一角。許許多多來就醫的個案只是家庭問題的代罪羔羊，一個心理不健康的成人至少會影響3個家庭，父親或母親有一方心理或情緒出了問題，那全家都不會好過。

A妹妹出生後不久，父母即離婚，情緒生病的母親把她的出生與婚姻的失敗做了聯想，糟的是她長得又像父親，這讓她一出生就註定成為媽媽的眼中釘。

來自中產階級的母親用外人無法想像的方式家暴A妹妹，並非是傳統認知的肢體暴力或新聞上看到的極端虐待，她用的是更隱晦高明的精神暴力。長期的忽略與貶損，嚴格的管教與金錢控制，小六暑假即要她去早餐店打工，說是為了磨練她。她當然無法存下屬於自己的零用錢，因為母親聲稱她會亂花，然後就是剝奪了她的生活需求，包括不給網路、不給手機。當然這一切的不幸並不會波及相差一歲的姐姐，姐姐早被母親拉攏成為同盟，成為其中的加害者。

我需要花很多時間才能漸漸了解她是怎樣長大的，每當她淚眼婆娑、緩緩地說出在家的種種不堪時，數年的離家叛逃反而成為她最愉快的時光。沒有家人的她好自由、好快樂，她得到的所有肯定與精神慰藉通通是外人給的。例如租屋處的房東太太；曾經來過家裡看到母親嘴臉的姐姐朋友，後來心疼她而成為好友；打工處的主管，這些她自己一手建立起來的人際網路，讓她可以拋棄過往，堅強地活下去。

不過她還是有家人親族，過年還是得「團聚」，有些親人雖然隱隱感覺其母的不對勁，卻沒有人積極地為她做些什麼。過多的親情氾濫，例如「她畢竟是你媽」、「有什麼話可以好好溝通」、「有什麼事等過完年再說」這些言不及義的話，並沒有一絲溫暖的感覺。於是她的折衷方式就是將年夜飯留給家人，勉強自己維持一頓飯的表面和諧，然後她就要離開，過屬於她自己的年。

對於其他親族的訝異與批評，她說，已經不在乎了，反正在他們眼裡，她始終都是叛逆的形象，努力做什麼都無法改變別人的想法。所以這次，她決定聽自己的。

曾被兄長性侵的B太太則是另一個悲傷的故事。那是在她國小高年級到國中時發生的事，重男輕女的母親一直不願承認與面對。至今母親還與哥哥同住，她也早已建立自己的家，而且想離他們愈遠愈好。

過去的她原來也選擇和母親一樣的鴕鳥策略，把頭埋在土裡就以為看不見，不提就沒事，但隨著自我逐漸覺醒，當她參加了一個受害者情緒支持團體之後，就決定更勇敢地面對自己的感受，向繼續傷害自己的人說不。「我沒辦法和我媽過節，但我家人要去找他們的話我就OK。我女兒本來就和她表姐感情好，但我自己不行，一想到她表姐的父親（個案的哥哥）就是兇手時，我就無法和他們見面……」

所以她決定過年那幾天規劃小旅行，過一個清靜輕鬆、不被親人綁架的年。

你有沒有委屈自己，必須犧牲自己的感受，而和不想見的家人一起過節呢？無法面對的話，那就逃吧。

日劇《月薪嬌妻》有句名言：「逃避雖然可恥但是有用。」對於不想面對過年家人「團聚」的人來說，我認為逃避很有用也並不可恥。

相反的，這是保護自己的積極方法，表達親情的方式很多，誰規定非得在過年時演出大團圓的戲碼。看看過年期間那麼多出國避年的人啊，似乎也透露了一些隱微的、無法對人說的內在訊息。

心理師的建議

如果你就是一個不想與親族過年的媳婦（或女婿、兒子、女兒），該如何是好？不回去是可以的嗎？

苦於過年過節的人常常一屁股坐下來，就開始跟我抱怨睡不好，又開始胃食道逆流了，身體又發疹子過敏了，胸口悶、頭暈、肌肉痠痛……。你說說，這樣的身體反應代表了什麼？你該勉強自己去過一個不想過的年嗎？你的身體已經如實地陳述了答案。

或者，你能體諒不想回家去過年的家人嗎？也能容許他們不想過年的理由或苦衷嗎？不想回來的理由不一定和你有關，也不一定是你或他的錯，我沒有好或不好的答案，只是在想，人是否一定要在這特定幾日糾結不已，放棄了更多可以和解的日子？

04 想怎麼過就怎麼過的年

過年，不就過日子嗎？日子有好有壞，過年也不能粉飾壞日子的樣貌，它只是另一個日子的縮影。

這個溫順的台北媳婦，總是得隔周六日就回雲林婆家一次，因為先生是獨子。雖還有幾位已出嫁的妯娌，但公婆總是盼著兒子回家，所以她也不能不跟著回去。

這就是她坐在治療室裡的原因之一，每次回去都是令人窒息的沉重空氣，也許先生習慣了原有的家庭氣氛，安於做兒子的角色，沒查覺到妻子坐立難安的樣子。她像個外人（因為她，先生才會「嫁到」了台北），每次婆婆的叨唸都讓她不得不這麼想，到後來憂鬱症發作，只要想到回婆家，就是如影隨形的折磨。

我和她的晤談橫跨了過年前後。

年前她很苦惱，又是例行性的行禮如儀，而她格格不入，永遠也無法融入這個家。我只能溫言安慰，同時提醒她務必要讓先生知道她的感受。

年後她再度出現，卻沒有我預期的苦惱感，反而看起來有些輕鬆，於是我問。

「我過年回去還是很痛苦，在車上就已經跟先生吵架，撐到大年初一早上終於受不了，於是我跟先生說，我一定要先走～」

走，去哪？去哪都好，她沒有娘家可回，只要離開這個窒息地，去哪都好。於是她跑到台中獨自住了一晚，先生雖然勉強同意，但也擔心，頻頻手機簡訊問她人在哪。

「其實一離開那，我就感覺好多了，而且自己一個人其實還蠻輕鬆的，哈。」即使也沒做什麼，只是別再勉強自己。於是她變成有時候一個月才回婆家，有時候則是想回去的時候才回去，症狀也得到了改善。

至於先生，並沒有因為回家少了妻子陪伴而給予責難，反而更看清周遭親友的態度，終於較能清楚感受到她的壓力，夫妻關係變得更有彈性。而妻子症狀的減少也讓先生有機會思考，不回去過年，其實也不會怎樣。

如果不是過年難，難過年，旅行社就不會有那麼多的「避年團」。我也有單身親友每逢過年必去國外，除夕前就不見蹤影；也有不被家人接納性傾向的同志朋友，連平常都回不去了，何況是過年？

那些無法逃開的人，例如必須依附父母的孩子們，在看到大人上演一場大團圓的戲碼之後，有多少是對過年真心喜歡的？

有個孩子告訴我：「我就吃我的飯，大人就去鬧他們的，反正吃完我就去玩電腦，沒差。」孩子心裡清楚，只是沒辦法選擇。

不想、不能、不願意回家過年的人，景氣真是幫了大忙，要加班、要補班、要值班都是不錯的藉口。

年，是給心甘情願想回家的人用的，至於種種原因不過年的人們啊，總是可以找到同是天涯淪落的一夥人，共同過一個不一樣的年。

雖然很多人抱怨，年，已經不那麼年味了，但對另外的很多人來說，這也沒什麼不好的。

心理師的心得

過年真的是許多人難過的年啊，這真的很出人意料之外。過年不是你以為的歡慶和樂。

撕開那層團聚的假面之後，每個家人都各自有心事，有些人可以暫時拋開這些，但有些人沒有辦法。小時候的我不喜歡過年，因為家裡氣氛並不好，人員單薄，親族並不太往來，過年對我的意義就是吃一頓比平日更豐盛的餐，然後圍著唯一的電視看千篇一律的過年節目，我常常選擇不看，寧願回房看自己的書。長大之後我漸漸喜歡過年，當有新家人之後，屬於我自己的家變得好熱鬧，還附帶了一些過年時可以湊在一起吃飯閒聊的親戚。

現況不代表以後，保持一些改變的彈性或可能，也許就更能安於過年這件事。不一定要一群人，不一定要維繫過去一成不變的傳統，不一定非期待誰下廚不可，重要的是在難得的日子裡聚在一起。現在我的年有時候會在飯店、餐廳裡，老媽過世之後，老爸年紀更大了沒辦法操持飯菜，初二就理所當然地在外用餐，閒聊打屁，看著晚輩嘻嘻哈哈，飯店、餐廳裡的年也挺好的。

05 請疼惜自己的辛苦

同事剛請完留職停薪假，重新回到工作崗位上，我很開心，終於有同事可以跟我聊媽媽經了。就算同事再體諒、再同理，沒有相關育兒經驗的人在互動上終究隔了一層。

不過，情況看來有點不妙。她在上班前一周回來辦理復職手續時，揹著寶寶來，寶寶倚躺在胸前睡得香甜，但她臉上則寫滿了疲倦，頭髮散亂，臉色黯淡泛著油光、爬滿了痘痘。

我想，恐怕連洗臉的時間也很難有吧。

「你看起來怎麼像累積了兩年的疲倦？」我問。

「是厚～我也只請一年的留職停薪，看起來狀況很糟吧。我每天都只能睡3、4個小時，小孩都不讓我好好睡覺，抱著還不肯睡，一定要站著抱，然後一察覺不對就馬上醒了，很難哄……」

「而且我好胖，都快一年了，到現在還沒瘦回來呢。」我對她的印象仍停留在曼妙的婚紗照，很難和現在的她聯想在一起。

不過這怎能苛責她，她可是生寶寶呢，這份辛苦說什麼也不能抹煞。於是我說：

「沒那麼快啦，等你開始上班，生活規律，就會慢慢恢復的。」

不過我心裡清楚，這絕非是帶小孩很累就無法瘦得下來那麼簡單，更多的媽媽就像我剛描述的，連好好洗把臉、上個廁所都有困難了，三餐當然無法定時，只有在孩子睡了的夜半時刻有片刻放鬆，可以暢快地進食，因為紓壓的關係免不了吃了過多的宵夜、零食、垃圾食物。

因為帶著孩子，加上外型已經回不去了，加速內外在的耗損，自我形象也愈來愈負面，這不就是我在門診經常看到的情況嗎？

回來上班的第一天，她有些興奮地拿出許多零食、點心請大家吃：「這個聽說很好吃喔，我上網團購去搶的，很難買到耶。我現在出不去都只能用網購，結果買了一堆也吃不完……」我拿了一個起來嚐，媽呀，這超鹹的，雖說是重起士口味，不過已達洗腎的程度。

我又再一次心疼為人母者必須犧牲，想要小小地犒賞自己結果又傷了身體。我從她身上看到了不足為外人道的辛苦，我已經快要忘記當年的自己有多狼狽。

現在已經不必為孩子把屎把尿，我站在時間軸的過去式，看著比我年輕的女性朋友正在時間軸的另一端，預備重複著一樣的辛苦，日子還長著呢。每每想到這，心裡總是舒了一口氣：終於走過這一段，終於不用再把屎把尿了。

雖然養育孩子的辛苦還沒有結束，但至少我已經完成階段性任務，而且是最辛苦的一段。有時看著她們酷似大人身形的背影，心中仍舊有一股莫名的成就感與驕傲，我居然有辦法把孩子拉拔那麼大了。

當帶著過來人的眼光看著新手媽媽似曾相識的經驗，有鬆一口氣的感覺，同時也有一去不復返的落寞。

因為沒了辛苦，伴隨而來的甜蜜也沒了。我懷念聞起來像剛烤過的吐司、有著濃密細毛的額頭，也懷念吻起來像焦糖般甜香的粉嫩臉頰。

某天小姑來訪，見到許久不見又抽高不少，而且不太想被親的姪女時，我突然有感而發：「以後沒有小孩可以玩了～」

我想，她一定也懷念那種感覺。

對我來說小孩當然不是只有養育時的辛苦，還有更多親密的歡樂，但不管是什麼，一切都會漸漸過去。

新的一年開始，有點惆悵又有點輕鬆，少了每天必須張羅晚餐的任務，多了喝咖啡與讀小說的時間，付出之後的坦然，讓咖啡喝起來更香了。

心理師的建議

我已經不止一次在書中很嘮叨地強調，為人父母一定要先把自己照顧好。

即使現在孩子已經不用我接送了，但有時候我還是會想起自己在孩子還小時，剛下班的樣子有多狼狽。工作場所雖然離家近，但我得在安親班下課時趕著去接小孩，途中必須得先去買菜、買水果，然後一隻手牽著她（或她們），另一隻手拿著一大袋水果蔬菜，如果下雨的話就慘了，因為我沒有第三隻手。

一回到家就趕著洗洗切切，不過我常常很偷懶買熟食，拿盤子來倒一倒就好，不過煮個湯、削個水果總是要的，等到可以得空坐下來休息已經是兩個小時以後的事了。其他家事就不再贅述。

當孩子一個8歲、一個4歲時，我得了乳癌，幸好老天爺垂憐，我還有機會調整自己的腳步，多一些放鬆與喘息。不急不急，不要做到滿分，有時候60分就好。

我得保全自己換取與孩子相處的時間，這比什麼都重要。

06 自在做飯不勉強

你會不會對孩子沒辦法吃到愛心便當，只能讓孩子吃學校的營養午餐而有一絲罪惡感？或者，你勉力想生出一周營養菜色的愛心便當，卻搞到自己神經緊張？

或者你不得不交給外食，除了擔心荷包更擔心品質，難道沒有更好的選擇？

孩子教養建立在基本的吃喝拉撒上面，生活基本盤如果沒辦法顧好，就甭提能有多高明的教養。如果無法坐在一起，好好吃上一頓飯，又能營造出什麼良好的家庭互動？

在詢問個案關於家庭氣氛時，我總是喜歡以吃飯為例，聽聽這些失落的個案家裡怎麼吃晚飯。「我們都是各吃各的，吃完才回家」、「就買便當回家啊」，即使能夠面對面坐在一起吃飯，也是配著手機各滑各的，扒完飯然後就各自回房，維持「房客以上、家人未滿」的淡漠關係。

至於過年過節就更慘不忍睹，不是逃避過節，就是一個人過節。情感關係反應在家人一起吃飯這件事情上，一起吃飯變得好艱難。

婚前我是遠庖廚的，能離遠多遠就多遠。廚房一點都不有趣，尤其是我老媽年代的廚房，悶熱、狹小，還有許多怨恨與不甘心。她常常不開心地煮，如果我說「不想煮就別煮」時，總免不了被罵一頓：「就只知道浪費錢……，不知道外面賣的沒有自己煮的衛生嗎……」所以我想遠離的，是對廚房的怨懟心情。

「你以後就有苦頭吃了。」她叫不動我，總是恨恨地說。

可是，婚後的我並沒有在做飯這件事上吃苦頭，我貫徹我的想法：做飯絕非女人的義務，就算非做不可，也要煮得甘心，飯菜才會香。我在想煮的時候煮，不想煮的時候就盡量不煮。因為擁有自己的廚房讓我有新鮮感，當年老媽對廚房的情緒並沒有扼殺我下廚的樂趣，婚後第一年靠著料理APP之類的輔助，從義大利麵一路玩到饅頭。看似勤奮，實則沒給自己半點壓力，有時下班買現成的餐食打發，晚飯畢才來玩麵團。

即使買現成熟食，我也盡量自己煮鍋飯（反正是電鍋煮又不是我煮），用餐盤重新擺好，再簡單弄個湯，或者把上周的滷肉解凍後加個菜，這等懶婦做法，我想絕大部分的女性都做得到，重點是，至少要有一起吃飯的樣子，從晚餐做起，成為家人記憶的一部份。

有時候孩子會說：「媽，這道菜好好吃喔。」我說：「嗯，那道剛好是我買的，不是我做的……」並白了她們一眼。其實這並沒有差別，因為都是媽媽準備的。

《舌尖上的中國》顧問，同時也是美食家的蔡瀾說：「媽媽的菜，肯定是最好吃的。」小時候吃過什麼是最好吃的，那就是永遠的記憶。美食是一種鄉愁，許多人都這麼說。

但如果你的手藝剛好不精呢？放心，你的問題不在不會煮，而是害怕去煮。不想、不能、不會煮飯的前提，多半是把煮飯這件事想得太困難了。那麼多美食部落客的貼文，那麼多看似精緻的愛心便當，在還沒做之前，心裡就已經輸了。相信我，那絕對是修圖加打光擺盤，都是刻意表現的做作姿態，絕對不是日常。

簡單燙過或清炒，不叫手拙而叫日式作法；生吃或涼拌，不叫沒料理而叫品嘗食材原味；團購年菜，不叫偷懶而叫尊重專業。那種蒸、燜、燉、煨、滷、炸、煎，有的沒的，就交給專業的來吧，孩子自然會跟隨媽媽的手法並視為「媽媽的味道」。

除非你想玩玩料理，不然真的不需要勉強自己。為什麼大廚多是男人？因為做菜對男人來說不是每日必須的義務，他們為想煮而煮，當然能享受樂趣並精進手藝。

好，現在心態調整好了，那餐食呢？餐食不會自己跑出來吧。

別擔心，走到這地步就開始簡單了。

飯還是得弄，但沒人規定要自己做。前述提到，這不是自己煮或外食的二選一，而是眼花撩亂的複選題，魚與熊掌皆可得，買現成來湊數又有何不可，只要有「在家吃飯」的感覺就行了。

你可以到自助餐、晚市、超市覓得現成熟食，麵食、水餃、蛋炒飯，再次強調，有時交給專業，一切就簡單多了，而且這樣並不會比自己煮花更多錢，這真的感謝因應這類需求而產生的龐大熟食與即食市場。

最近孩子跟我說：「媽，下學期一個禮拜有三天要留校晚自習，我不想吃外面的便當。」我問：「那你同學她們呢？」孩子說：「她們是訂學校的餐。」好，那你就跟著訂吧。

孩子的爸爸隨口說：「你可以幫她帶便當啊……」話還沒完全說完，我馬上就回：「我幫她帶可以啊，誰煮？你煮好不好？」

他不敢再置喙。

男人出一張嘴最快，每天的晚餐都已經夠我頭疼了，下班回去跟打仗一樣，時間急迫得連退冰時間都沒有，晚自習還帶便當？別鬧了。偶一為之尚可，成為固定必須完成的任務？我知道，這樣做出來的飯菜不會香。

我寧可放過自己，反正不差這一頓飯。我寧願在飯後閒暇的夜晚，靜靜地攪拌麵團烤個蛋糕，或者在假日花幾個小時慢慢地燉一鍋紅酒燉牛肉，我相信孩子自然會選擇她們記憶中的美食。

心理師的心得

過去的我很想有責任感，煮湯必定自己熬大骨，又必須去記晚上要煮的肉得先退冰，結果把自己搞得又累又氣，後來想想，又何必呢？沒人逼我這麼做，我幹嘛逼自己呢？

在料理手法上我開始做調整，不放心外面店家的青菜都「青青菜菜」隨便洗，或根本不洗，青菜類的料理盡量自己來，用燙的不麻煩；開始有信任店家的口袋名單後，就算買現成熟食也得心應手，有時候排列組合一番，不重複其實也不困難。

周遭有許多單身人士也善於自己張羅，不過分依賴外食的簡單料理，荷包真的省多了。

07 這樣的教育體制救了孩子

要責怪現今的教育體制很容易，可以批評當今升學壓力並沒有稍減，但就業競爭力卻下降；也可以責備制度的漏洞，學生沒有學到父母認為學校應該要教的東西等等，所以有人乾脆脫離體制，發展共學或自學的多元學習管道。

不管現今學校如何不令人滿意，但我所看到的卻是不一樣的風景。許多老師代替了父母發現孩子的問題，並帶來求診，有更多退縮的孩子，因為學校的多元選擇而得到了救贖，重新找到學習的力量。

有個高中才讀一個禮拜就輟學的年輕人，在這裡就叫他阿國好了，今年已經22歲，也就是說離開學校至少7、8年了。在門診持續治療了半年之後，阿國對於要不要重回校園很猶豫。

和自己一樣的年輕人不是在學校繼續學習，就是已開始從事某項工作，大家似乎都在所屬的軌道上。而阿國輟學之後已經多年沒有正常的人際生活，既沒辦法找到工作，想要彌補過去的學歷，也因為太久沒有踏進校園而感到害怕焦慮。

「我很害怕再遇到像以前一樣的同學，其實有沒有唸都是這樣，這個社會都很黑暗啦～」國中時的他曾經遭到校園小霸王的欺凌，同時又缺乏父母的關愛，於是漸漸累積成心理的病。

「既然你覺得有沒有唸都沒差，幹嘛要去拿報名表啊？」我故意這樣問。在晤談過程中我很努力地試探、鼓勵他重回校園，但須得小心翼翼，因為如果太用力、太積極，敏感的他反而會退縮、抽手。

「混個學歷啊，現在工作都至少要高中以上，不然我對念書才沒興趣咧。」他故作輕鬆地說。

「反正我就是去混看看，聽說這間學校很好混，可以不用穿校服，白天的課只有半天，早上如果我爬不起來，還可以上夜間部的課，一模一樣的課晚上會再上一次，連老師都一樣，但如果老師太機車的話我隨時都會走～」

嘴巴說得很狠，但阿國其實很膽小，而且很在乎別人對他的看法。自從來晤談之後，他每次都非常準時，甚至會提早到。

不喜歡穿制服的他，每日仍汲著一雙夾腳拖故作瀟灑狀，喀拉喀拉地去學校，而且正如他說的，當負面情緒上來他又會抗拒上學，有時候他晚上會去補課，有時候則否。

班導個性溫和，對於學生出缺勤的狀況並沒有批評，只希望他按照學校規定去醫院拿診斷證明，有時候則會「拜託」他來上課。

這段期間我仍舊不斷地觀察，心裡暗捏一把冷汗：這樣的他是否已經有辦法接受學校生活，接受適度的壓力？畢竟他有太多藉口可以臨陣脫逃，我不確定他是否已經準備好。過了幾個月，他的學習狀況居然不錯，雖然仍時有翹課情況，不過他感受到班導的善意與關心。他甚至告訴我，上資訊課的時候會坐在第一排，因為這樣才聽得清楚，班導教的是資訊課。當然，資訊課他是不翹的。

「這些課也太簡單了吧。」有一天他居然這樣跟我說，「我看這麼好混是不行的，他們說畢業前要去考○○證照，拜託，我不用等畢業現在就可以去考～」

因為他的緣故，我很訝異現在竟然有這樣的職校，可以這麼有彈性地運用日間班與夜間班，結合了進修性質的學制，也能廣納不同需求的學生。有人會說，那是學店吧，但在我看來，正是這樣的學校救了阿國這類邊緣的孩子。

心理師的觀察

在這樣的教育體制下，有更多因為情緒或心理困擾，而無法順利升學的孩子，有機會選擇更多學習管道，銜接原先中斷的學業。例如唸空大、念補校、念職校，因此取得同等學力，朝向下一個目標走。

多虧於現在對技職教育的重視，以及對修業年限的彈性（年紀大再進修更值得被嘉許），再回頭念書這件事已顯得稀鬆平常。這些情緒困擾的孩子不必顧忌自己年紀比同學還大一截的眼光，至少阿國在剛入學的預期焦慮沒多久就消失得無影無蹤，而且患有多年社交恐懼症的他，在一年後居然也交到了朋友。

與大多數循著既定的管道，順順利利地升學、就業的學子相比，我更肯定這些曾經因為家庭因素造成創傷的孩子，可以奮力為自己爭取不一樣的機會，可以和其他人站在同一位置上證明自己的價值。

08 不管發生什麼，請先相信自己的孩子

兒童、青少年遭遇性侵或性猥褻的情況有多嚴重？肯定比父母表面上知道的數字嚴重許多。

創傷後的人生要花多久時間去撫平？根據一般研究，被診斷出「創傷後壓力疾患」（Post-Traumatic Stress Disorder，PTSD）的人，若是因為自然災害的話，成人與兒童會在1年半內漸漸復原。但如果是性侵害的受害人，則在10年之後仍有超過1／4的人仍有相關症狀，對愈小的孩子所造成的人格影響愈長遠。

再參考衛福部保護司的統計，二〇一七年通報性侵的個案約一萬四千多件，但只有約不到1／3的被害人選擇司法訴訟。不訴訟的原因很多，但這表示正義無法聲張，憤怒與羞恥感無法消解，年輕的孩子根本不可能獨自處理這個問題。

這是一個沉重的事實，為人父母者都必須面對、無可逃避。我在初為人母時就開始處理新北市家暴與性侵害加害人社區與個人身心治療業務，理論與實務經驗至少超過5年，接觸過形形色色的加害人：亂倫的、戀童的、連續犯的，甚至還有夫妻共謀的，不管是哪種犯案類型，我歸結出以下幾點心得：

加害人的臉上絕對不會寫加害人。

他（她）就是尋常你所可能見到的任何人，也許他平常有固定捐發票的習慣，每個月都會去捐血，甚至是個受人敬重的師長（我曾遇過加害人身分是警察的），性侵了未成年少女之後來做精神鑑定，還刻意帶著自己的小女兒扮慈愛與無辜，實在可恨），但他自有一個別人不了解的闇黑世界，足以毀掉一個幼小心靈。

所以那些「我的先生（或兒子、或上司）不會做這種事情」的說法很有問題，那些人有多大的自信為其他人的品德背書？他們連自己的人性都不盡然了解，怎麼敢說了解其他人？

要加害人認錯、有悔意，且承認自己犯下的罪行會對一個幼小心靈造成多大傷害……？

別傻了，我遇過許多加害人唯一在努力的事，就是努力辯駁自己有多無辜、多冤枉：「我也不知道精子怎麼跑到她的內褲上（鬼扯的很自然）。」少部分加害人縱然有悔意，也僅僅是部分承認。「但是」（但是這兩個字很重要），看不出她未成年啊，價錢沒談攏我被仙人跳啊，她當時並沒有不願意啊。

性侵害未滿14歲的孩子屬於公訴罪（觸犯刑法「妨礙性自主罪」），可處3年以上、10年以下有期徒刑，訴訟的過程雖是漫長的痛苦，卻是得到一丁點正義唯一的路。

這讓我想起曾被熱烈討論的輔大校園性侵事件，如果有人告訴我，被性侵之後不要馬上報警，先讓系主任了解事情的經過，相信系主任有處理問題的能力，這時候應該怎麼做？我想，這時除了法律，沒有誰真的能相信（希望父母可以），只有訴諸法律才有可能制裁罪行。

好了，至此你應該要理解，為什麼子女被性侵之後不能在第一時間告訴父母，因為這個加害人有可能是周遭環境中被父母相信的人，或者是，就算告訴你，你願意相信孩子說的話嗎？願意仔細聆聽孩子說不出口的其他部份嗎？願意聽出「欺負」這個字眼背後有多大的恐懼嗎？

如果你仍舊願意，那麼我要先慶幸孩子，她（他）已經得到你的信任了。

心理師的建議

某個個案在國中時就有一次被性侵的經驗，當時她選擇告訴母親，母親雖然跟她說下次要小心，但那安慰聽起來比較像告誡，而且從那之後隻字不提。

念高中的她，最近又一次被性侵，這也是她坐在我面前的原因。但這次她不願意告訴母親。

「因為我騙了她……，我說要去住同學家，結果我跑去和同學喝酒，她知道我喝酒一定會怪我，對我很失望……」我想說，孩子，喝酒不是該被性侵的理由，就像穿得少也不代表該被性侵是一樣的。她說不想讓母親擔心，其實背後是更多不被相信的失落。

因為她消極的不處理，所以已經錯過第一時間的採證與驗傷，也無法報案。「如果」，如果她的母親願意和她面對這一切，雖然正義無法伸張，得不到該有的道歉與賠償，但她也許可以和家人更靠近，也許不會再自殘，也許，她就可以不用來精神科了。

別責備他不乖，沒有聽你的話；別說他一定是做了什麼或沒做什麼，才讓對方有機可趁。這社會的黑暗面是連大人都無法招架的啊，相信他，才會是保護他的第一步。

09 當孩子疑似被性侵時……

性侵這議題，連說出這兩個字都很艱難，但不會因不說而消失。

不管是單次多次，生人熟人，性侵永遠是心靈的惡性腫瘤，它破壞了人的基本信任，扼殺了發展中孩子的自我形象，他們脆弱敏感到從此一蹶不振，帶著這樣的自己，活在不知道該不該相信的人群裡，那些傷不會癒合，只會不斷滲血，隱隱作痛。

只要你面對這議題，就必須很嚴肅、很謹慎，你永遠無法體會當事人的痛，尤其是孩子，長得愈大，漸漸了解那是怎麼一回事時，那些當年懵懵懂懂的創傷會愈來愈清晰。所以年紀愈大，不會遺忘，只會更痛。

小三那年的遭遇，很多年來我都無法與人說，更無法與家人說，直到開始接受心理訓練時，才有辦法一點一點地揭露自己，藉由重新敘說，重新給予自己能量，感受這些年來的辛苦、努力與收穫。

治療室遇到的許多個案，都是當年的孩子，每次遇到這樣的孩子我總是深深地吸一口氣，心裡想，來吧，我們來好好地撫慰這些年的自己，了解自己還有多少能耐。有個受到親生哥哥性侵的病友，從事件過後一直有許多心理症狀，吃藥住院，不斷地自貶，卑微到認為不值得擁有美好的一切，狂亂悲傷了十多年，眼看快要耗盡一切了，還好藉由庇護性的機構與康復團體，漸漸得到休息，然後終於有辦法找到一份工作，做了幾年之後，認識同樣是精神病友的先生。

故事仍在繼續，沒什麼完美的結局，有的只是舊傷之後的抵抗力。

我不會說，經歷這件事讓我成長這類假勵志的話，如果沒有這件事，我會更好、更快樂、更願意信任別人、更自在。

但，事情已經發生。經過一段很長很長的時間，我終於很辛苦地長大，才開始有能力愛人與被愛。有了孩子之後，我很慶幸可以在孩子身上再活一遍，看著她們有機會活得比原來的我更好。

對於那些永遠沒機會的人呢？或者是花了很多年還沒有爬上岸的人呢？

這並不代表做家長的你什麼都不能做。陪伴、盡可能地理解，一些你覺得沒什麼的小動作，都有可能深深地撫慰當事人。

首先，當孩子告訴你：○○欺負我、我看到○○的小雞雞、○○叫我跟他在一起。或者不敢稱自己，試探性地稱「我同學」，我同學說他跟老師在一起……。

如果你很直覺地生氣，請先試著花幾分鐘平靜下來，千萬別急著衝口而出那些話，或者隨意而傲慢地批評，否則你就再也聽不到孩子的真心話了。

為什麼要這麼不小心？叔叔不是這種人。誰叫你那麼晚還出去。就說網友不可靠偏偏不聽。學人家師生戀喔，你同學怎麼那麼隨便。

這些話在孩子聽來是滿滿的不信任，你已經先對孩子定罪判刑了，而你連兇手是誰都不願搞清楚。

他在開口說這些之前，要鼓足多大的勇氣？此時孩子要的不是責備而是被理解。說實在的，對於人性，你又有把握了解多少？我常以為我看得夠多了，但永遠有人會挑戰我的極限，再次發現人可以有多醜惡。

他（她），只是個孩子，直到青春期他也還是孩子。性侵的議題連大人都搞不定，我見過許多成年後被性侵的個案像個受傷的孩子，過了很多年，影響都還在，那麼真正的孩子呢？我想都不敢想。我甚至都不願回想自己是怎麼長大的，我不喜歡回憶，同學聚會聊的那些曾經做過什麼什麼的活動，我常常印象很模糊。

請一定要先忍住你的怒氣，停下來，吸一口氣。他是你的孩子，他一定忍了很久才決定告訴你，不要先假設孩子會騙你，為什麼不能試著信任孩子？

想想你自己為什麼會生氣。

因為他出事了代表你沒有盡到父母的責任？（性侵問題之所以嚴肅，正因為無法預料，連你也一樣）

因為你沒辦法接受這種事會發生在他身上？（誰願意發生這種事？你都不願面對了那孩子該跟誰傾訴）

因為這種事你就是無法相信他？（連這種事都不信，那你該信什麼）

這樣的情緒對於協助孩子一點幫忙都沒有，不管你有任何感覺，請先把所有的問號搞清楚，那才是第一要務。

如果你聽到的不是由孩子口中說出，而是由別人告訴你的，你的情緒可能比上述更強烈：為什麼孩子第一時間不告訴我？為什麼他什麼都不說？

也許他不想要你擔心，也許他太害怕你的反應，也許，連他自己都不清楚這樣叫作「性侵」。性侵者的甜言蜜語背後沒有愛，只有身體，但孩子怎麼可能分得清楚？也許他幾乎要相信那是愛了。

對於性，學校與你教的，與實際遭遇到的有極大差距。在這議題之下我們通通都是幼稚園等級，但為人父母的我們有責任讓他知道什麼是真正的愛，請用愛來陪伴孩子走過這最艱難的一段路。

心理師的建議

在林奕含事件，以及許多孩童性侵案件後，總會引起社會極大的恐慌不安，但在熱烈討論沒多久後也冷得快，因為怎麼討論都不會有結論，然後在下一次類似事件後再次被掀出來討論。

性侵害比例當中，兒少就佔了至少6成，不過為人父母的我們內心都會隱隱不安：檯面下的真實數字不知道有多少！

孩子在遇到狀況時不一定搞得清楚這是侵犯，不一定有辦法向父母求助，也不一定願意告訴大人，這更增加了隱形數字的比例。

傷害的型態太多了，連大人都無法預知與招架，擁有兩個女兒的我在無計可施的情況下選擇讓她們學跆拳，而且讓她們一路練到黑帶，這招似乎誇張了點，但我實在想不到更好的，也不想把女孩兒關在家裡。

除此之外我的基本態度是，萬一發生了這樣的事，即使再難過、再生氣也絕對會陪著她們一起度過，她們可以無所顧忌地跟我說任何事。

10 如何陪孩子度過創傷？

〈當孩子疑似被性侵時……〉這篇對許多父母來說嚴肅沉重了些，不過這本來就不是輕鬆的議題，更多時候我們煩惱的不僅是性侵，而是更多無法預知的危險。

危險的預防在這且略過不談，在網上都可以收集到許多實用資料。我想談的是萬一孩子曾經歷過創傷與災難，如果不想忽略、假裝不存在的話，該怎麼與孩子一同面對。創傷後的因應絕不能小覷，你不僅僅應該知道，而且還應該想想在接下來的日子裡可以做點什麼。

所以，接下來我會提供一些自己與實務上的體會、心得。當讀者看完〈當孩子疑似被性侵時……〉一文，回饋給我「你很勇敢」、「辛苦了」的安慰，我只能以苦笑回應，希望以下整理出的經驗談可以讓你和孩子少一點辛苦。

當了解孩子曾受過傷，可能是霸凌、性侵、騷擾、意外事故，或親友、同學、寵物死亡等等，接下來該怎麼辦？首要之務仍舊是盡可能地了解事實，不要遺漏任何細節，同時也理解孩子的感覺。如果你覺得「情況聽起來不算糟」、「只有那麼一次應該不嚴重」，甚至「只是狗死了有需要難過那麼久嗎」，當你的認知與孩子的感覺不相襯時，表示你還不夠進入孩子的感受區。

隨時提醒自己：他的心智發展還未達大人的階段，創傷這件事本來就不曾出現在他的世界裡，所以還沒長出應有的抵抗力。你承受得起不代表他承受得起。

第二個要務，請讓他（她）知道，你會盡力陪著他。你會陪著他，這點是無庸置疑的，但請一定要讓他接收到這份心意。愛與關心只悶在心裡說不出口，孩子就無法有足夠的安全感，此時的他無法再撥出額外的心思去理解你的言外之意，他忙著處理自己都來不及了，所以你的撫慰一定要清楚明白，要說出來、做出來，不斷給予口頭保證，才能確認他的雷達有接收到。

第三個要務，請讓他挑戰權威，讓他有掌控權吧。

在接下來漫長的成長歲月中，他會因為創傷而出現許多防禦機制，例如曾經受過大人欺負的創傷孩子（性侵、霸凌都有可能），對大人產生不信任與懷疑是很合理的。我所遇過的個案常有挑戰體制與權威的行為出現，例如很容易就討厭較權威的師長，很容易對學校規定「過敏」，然後就翹課拒考或拒學。因為當初創傷發生時，那個無法反抗的自己讓他生氣，所以當他開始有能力時就會適時反擊。

當然，不明就裡的學校或老師不太能接受孩子的行為問題，所以你有必要扮演一個居中的協調者，請大人們理解這狀況，接納他在合理的範圍內挑戰大人的思維。適合他的，是開放的討論與平等的對待，讓他的生氣與發洩有個底線，不至於失控。

與其勉強他「非去上學不可」，不如多聽聽他不想上學的理由；容許他可以討厭○○老師；可以考不好但不能不上課。此時唯有用更多的愛去包圍他，才有辦法化解他過當的防護罩。

第四個要務，如果可以和他討論未來生涯發展的話，建議他從事與助人有關的科系或工作。

這是我的私心，因為我確實從中得到了收穫。這範圍很廣，包括法律、社會工作、心理、醫療、護理、兒童福利、宗教等等。

再也沒有比助人工作的科系更能整理自己的思緒並從中得到成長了。父母的能力有限，你不一定有辦法撫平他的創傷，這過程也許很久，如果能給他一個對人理解與省思的機會，讓他從中獲益，並產生助人的能量並進一步幫助他人，一定比默默地療傷更具意義。

藉由幫助他人，幫助比自己更弱勢或不同弱勢的人們，雖然創傷沒有消失，但卻有共同撫慰的力量。

我深深相信唯有如此，受創的孩子才能得到救贖，放過自己，活得更好。

心理師的心得

我曾見過遭遇霸凌創傷的孩子，創傷過了1、2年父母才發現，而且已經離校無法積極做些什麼了。創傷早已造成，但是父母的愛與包容卻可以讓他在短時間復原，連藥物都不必使用。

聽起來好像很容易，就陪他嘛，不批評、不囉嗦是吧？這好像不難，但做起來沒像講得輕鬆。他的情緒會暴走、撒野、不講理，會挑戰你的忍耐極限，因為他忙著消化與宣洩他當時沒機會表達的情緒，他不是故意的。

你身為一個家長，有義務盡力維持日常作息的基本水準，例如他該做、該為自己負責的部分，該洗的碗與該折的棉被等等。你想幫助他回到生活的正軌，但同時也允許他偶而失控、容許他獨處，更容許他做他想做的事，給他更多身體語言，擁抱、碰觸或輕輕搖晃，給他無法用言語形容的撫慰，讓他知道自己很安全。

11 如果我們可以更友善

某個媽媽記錯晤談時間忘了帶女兒就診，在服務台那頭透過電話來詢問，口氣甚是焦急，我聽出那口音似來自東南亞，便告訴她沒關係，趕緊給了一個她方便過來的最快時間。

媽媽的身邊坐著另外兩位女性友人，她告訴我，是教友陪著來的，女兒則害羞地低頭不語。在診間裡，我得知媽媽自柬埔寨來台已十多年，她很快掌握想講的重點，女兒學習能力不好，在校有疑似被霸凌的情況，包括師長、同學，她愈講愈激動，眼淚甚至要奪眶而出。

「老師跟她說，就是因為你在資源班才會拖垮全班的分數，老師怎麼可以這麼說……」這不太妙。我不能保證每個老師都有愛心，但也不確定媽媽講的事情還原到當時是不是如此，我能做的就是先安撫媽媽，了解媽媽的感受。

「他們怎可以欺負我講話慢？我國語不好怎麼會講得過他們？」口音是無法抹滅的記號，一開口，就是外籍配偶的身分，逃也逃不了。說「他們」，也許不盡然公平，也許有「不是他們」的人，不好一竿子打翻所有老師，不過內在感受要怎麼談公平？

這個眼睛骨碌碌大、皮膚黝黑的小女生，臉上有明顯的不快樂，她的身心障礙手冊說明了智能障礙的事實。「同學跟我說，啊你不是要轉學嗎？怎麼不快滾～」她臉色黯然地告訴我。她的媽媽很努力要為孩子做些什麼，擔心孩子被欺負，想設法為她轉學，但目前還沒辦法轉。

我說：「好，我了解，我會試著幫忙問問看。」她有個很棒的柬埔寨媽媽，很積極地尋求各種資源。學校班導不友善，但輔導老師人很好，還有社工，還有教會，柬埔寨媽媽沒有因此退縮在家哭泣，她為女兒而戰，不想放棄。我一點一點地收集資料，了解這孩子目前面臨的困境，同時也擁有不少資源。

「爸爸咧？」我問。

「我爸過世了。」我暗罵自己是白癡，應該先看過病歷資料再問的，害我有些尷尬。這下我更能體會這個家的困境了。

同樣的這天下午，我遇到這個原鄉的男孩子，他看起來像是個過動的孩子，但在情緒指標部分卻很不對勁。

看似話多、靜不下來、屁股扭來扭去的孩子，在憂鬱分數上居然呈現了高分，他擔心現在，更擔心未來，生活空虛，缺乏被關心的感受。當我想進一步澄清時，他說：「啊，不知道要怎麼說。」然後居然一溜煙就從晤談室裡跑走了，怕尷尬似的，我連攔都來不及。

從部落輾轉坐車來看診的孩子，家裡有好幾人持有身心障礙手冊，媽媽早就住在安置機構，爸爸做資源回收，還要不定期帶著妹妹就醫，早就心力交瘁、面容疲倦。

這樣破碎的家，讓他只能用行動來掩飾苦悶，不斷躁動、不斷找事做，那些無法對外人說的苦沒有人看見，只看到他的調皮搗蛋。還好班導很寬容，對他的好動、分心、不上課並不如何在意，而且還很借重他的運動長才，看來至少可以安穩地念到畢業。

這是我日常的某一天，貧窮的故事離我並不遠。

大人不一定寬容，校園不一定友善，同學不一定會跟你玩，而這些，並不是那些孩子的錯。

想想別人家的日常，這些日常和我們的不一樣，不一樣到超乎我們的想像。有些家庭的確需要被協助，他們需要的不是金錢，只要友善、平等對待，加上一些不帶批評的接納。

如果，我們可以對這樣的家庭再友善一些⋯⋯。

心理師的觀察

在門診，對弱勢配偶最大的無力感，就是傾聽她們的委屈與被不友善地對待。

如果是大陸籍的話，通常嫁來台灣至少超過5年（近幾年的陸籍配偶人數已少於東南亞籍），嫁得愈久委屈愈多，沒身分證也比有身分證的情緒症狀嚴重許多。至於東南亞配偶，通常是安靜、沉默且被動的，因為他們有限的中文能力影響了表達，她們的需求是不容易被看見的。

可悲的是，我所接觸到的外籍配偶常常是在住院狀態而非在門診，表示她的問題一直被忽略，直到真的很嚴重了家人才送醫。

我們是不是可以放下對新移民的成見與刻板印象，保持對人應有的尊重，一個簡單的關心或問候，甚至可以行舉手之勞協助她們，那麼她們就醫的情況是不是就會有明顯改善呢？

12 離開同溫層，讓孩子看見不同

周六下午，孩子與同學約了說要去同學家裡玩，我和先生便開車送她過去。那位同學只簡單描述地址：「就那個○○路，看到空地之後一直走，就到了，我家是一棟透天厝。」

○○路？在這裡住了10多年我竟不知有這條路。開了導航之後發現，咦，離我們並不遠，是隱藏在市郊馬路中難得的一大塊農地，說是農地並不是太精準，因為雜草叢生，土梗之間的田畦歪斜，沒有系統地種了一些作物，走到底，便是由兩排老舊社區包夾著這條狹長的○○路。

農地中看起來超過半世紀的社區，與其說是鬧中取靜的世外桃源，不如說更像隨時會被政府徵收的土地。而同學口中的透天厝，是一整排連棟建築中侷促的一小棟，門一打開，唬了我一跳：進門右手邊放了一張床，上面有個臥床的阿嬤表情痛苦、動也不動，但確定有氣息。「我阿嬤就這樣，都一直在睡覺啦。」小孩見怪不怪地回答。周遭堆了不少雜物，所謂的客廳僅剩過道。

孩子和另一位也是來作客的同學，3個人手牽手準備往客廳更裡頭的廚房時被我叫住：「小朋友，你家還有其他大人在嗎？」我看了看，不放心地問。

「我媽去買東西，等等就回來了。」小孩看到同學來訪很開心，用愉悅的聲音回我。那麼，一定要把門鎖好喔。我看著她們鎖好門後才放心離去，並交代孩子晚上6點以前要打給我們，農地裡入夜黑暗，沒有路燈。

回家之後，我問：「好玩嗎？」孩子說，好玩，接著就跟我描述：「她家好小喔，那樓梯好恐怖，是鐵梯，很窄很窄耶，我不敢走上去都要用爬的……」

同學的媽媽其實到後來都沒有回家。我跟孩子說，下次不如約我們家吧，請同學過來，也很近的。住家就在大馬路邊，同學家長應該是放心的。

孩子很少去別人家，自然是不太明瞭其他家庭的樣貌，而我也是在醫院服務時，有機會做到宅服務之後，才見識到許多家庭樣貌。

我想起門診的一個病友，她住在類似這樣的地方，每次來的時候我必問其吃過沒。她上工廠大夜班，下班後就直接過來，我知道大夜班有準備簡單消夜，但不見得有早餐。她的肥胖是因為營養不均，什麼便宜的垃圾食物都吃，每次看到她，總覺得又胖了一些。

我固定跟她約早上9點的晤談，正巧是夜班的下班時間，她就不必另外請假，可以把假拿來多休息。「今天這樣就可以了，可以直接回去，不用批價，上次已經算過了。」我用這種方式來代替早餐，我想保有她的自尊，同時也提醒自己應該保持禮貌，注意別做得太多。

這是我從她身上學習來的適度關切與付出，多給予不幸者一些理解，並再次提醒，別把許多事情看作是理所當然。

所以我也想讓孩子參與生活本身，看見不同的生活，這就是學習了。

網路上常說同溫層，指的是相同理念的人匯聚在一起，但同溫層如果指的是故步自封，眼裡看不到他人的存在與痛苦，那麼同溫層的意義不過就是躲起來取暖，尋求少數人的慰藉，自說自爽，沒有成長。

如果人生就是一場修練，我私心以為，遺世獨立修行實在沒意思，如果能在紅塵中修練，得接受許多考驗與歷練，對我來說，那才是真正的學習。

不為孩子太早搭蓋同溫層，讓他有機會看見許多人的樣貌、家的樣貌，沒有美化，沒有修圖，也不扭曲，很真實地增加對世界的認識。

心理師的心得

我曾在孩子是否要唸私校與公立學校之間，與其他家人有一番論戰。

私校當然是不錯，教會學校肯定勤教嚴管，多少可以約束青春期孩子的行為不失控，學科的重視就不必說了，絕對不讓父母操心。

但我很堅持高中非得唸公立學校不可。我甚至跟女兒說：「你要是沒那個『材條』唸公立高中，那就給我唸公立高職。公立高職有啥不好？你媽就是公立高職畢業的。」

我的理由很簡單，我不想為孩子營造一個美好的舒適圈，不想幫孩子準備安逸舒適、無後顧之憂、只需專心讀書的條件。她需要學會生活日常，需要看見社會的不同面貌，學習跟不同生活條件與個性的人相處，讓她更懂得與人相處、更體貼、更柔軟。至於該讀怎樣的學校，那是孩子該為自己努力的，而不是靠父母幫忙，我只負責做基本的就好。

13 當小孩是別人的小孩時

一個不熟的朋友專程打給我：「我有一個朋友的小孩好像有狀況。」這句話我聽來很熟悉，就跟偶而會遇到的「我有一個朋友好像有精神（情緒）方面的問題」一樣，一個試探性的、試著想介入的熱心者。

「他的小孩有偷竊的問題，聽說從幼稚園開始就會偷媽媽的東西了，他的媽媽一開始也不知道怎麼教他，只會用打、用罵的，結果問題就愈來愈嚴重。現在已經念到小三了，不知道之後該怎麼教……」balabala 連珠炮似的。

「這訊息你是從哪知道的？是小孩媽媽告訴你的？」

「不是啦，就我聽一個朋友說的，她說的是她大嫂的小孩。」

「你跟那朋友有多熟？」如果那所謂的「朋友」不是自己不好意思問而假冒的，通常多半離自己的關係很遠，例如「我弟媳的大嫂」、「最近又重逢、很久沒見的老友」，或根本是「我婆婆的朋友」……。

我的精力有限，時間不多，需要趕快切入重點，而且，她想關心的人並不是她自己，我關心的重點應該是眼前的人，不管對方是我的朋友，還是我的個案。而且，當介入別人的問題時（或根本是八卦），會耗去我們之間可以解決真正問題的能量。

我沒等她繼續說下去就接著說：「我是可以就我的專業立場告訴你接下來該怎麼做，但如果你根本和那朋友不熟，或者你朋友對她大嫂沒有影響力，大嫂根本想都沒想過要精神醫療或心理諮商，那麼我給建議也沒用。」

到底我們的熱心是想幫助別人，還是為了想滿足自己助人的虛榮心？

我遇過更多過度介入、過度熱心的人，好意要對方看精神科結果碰了一鼻子灰，最後讓對方誤會：「我幹嘛看精神科？我幹嘛看心理師？你才有問題咧～」

助人不是不行，而是不能打著助人的名義，對方就得接受你的「好意」。如果對方沒跟上你的節奏，或者他根本對你的提議不以為然，那就是徒勞無功、熱臉貼冷屁股。

家門內有很多微妙動力，累積了很多的愛恨情仇，絕非表面看到的那麼簡單，也絕非外人能評斷。你所以為的「問題」，說不定是為了喚起家人注意與關心的契機，問題並非來精神科一趟就能解決，有時問題的出現反而可以迫使家人看見，雖然過程是帶來了痛苦，但痛苦才能喚醒改變。這，其實是好事。

你有想過上述提到的小孩偷竊行為或許是有意義的嗎？也許是為了讓媽媽更注意自己，也許是表達心中的抗議，或者是內在某種需求沒有得到滿足，但到底是哪種需求？恐怕是連孩子自己也說不清楚的。

我常遇到很焦急、很想為孩子做點什麼的「外人」，可惜的是，這些外人往往無法有對等的影響力可以改變現況，例如，只是這孩子很遠很遠的親戚，或者是某次聚會場合看到其「不對勁」的路人甲、乙……。

請原諒我這麼說，但，你多半也是白操心一場。

這不是心理師的傲慢。「給個意見是會死嗎？不過就是想聽聽專業的看法而已嘛，幹嘛這麼計較？」要這樣講也沒錯，但這些專業建議或資訊，其實各大醫療網站通通都有，心理師要做的，是對於真正有意願想要尋求專業建議或力量的當事人，提供量身訂做的服務。也就是，只有當事人有權利，你無法為別人發聲，特別是你根本不知道對方願不願意被幫助。

這些家庭紛爭或問題並沒有危及到要打113的程度，但又沒有微弱到足以讓你忽略，你就是無法假裝沒看見、沒感覺。

為什麼別人家門內的問題會讓你特別感興趣、特別想跳出來？這背後有沒有屬於你的意義？會不會注意了別人的問題就不必注意到自己的問題？過度關心他人事務（包括注意誰跟誰離婚的演藝圈八卦），會讓你忽略了為自己好好地活，多放一些力氣在自己身上吧。

心理師的建議

過度擔心別人的問題，其實自己也有問題。

有個媳婦告訴我她的煩惱，我聽了幾次之後發現，她告訴我的都是親族間的事，沒有一樣是自己的。她擔心婆婆的身體、擔心妯娌的小孩，也擔心小叔和小姑不合的狀況要怎麼解決。

我請她畫出她的親屬關係圖，然後標出她在意的人與問題，她畫完之後發現，自己肩膀上竟然扛了那麼多人的問題！

只因為自己是長媳，就有義務需要解決親戚們的疑難雜症嗎？所有問題會因為她的介入就有辦法解決嗎？當然不，她只會陷在問題裡動彈不得，因為問題不是她造成的，當然也使不上力。

許多傷害都是在自以為「沒有惡意」的幫助下產生的，但沒有惡意的我們有時候不知道，自己覺得貼心的舉動別人竟然不領情，或者是會對別人造成傷害。

這提醒了我們助人不是一廂情願，要幫助別人的同時不能危及自己，也不能不顧他人感受，最好的方法就是用對方想要的方式來做，不做無謂的付出，也不浪費自己的善意。

14 名校緊箍咒

一位北一女出身的母親與名校T大肄業的女兒，兩人同樣都在精神科就醫多年了。同一個家庭同時有兩個家人求診，這意味著家庭本身必定出了問題，我認為家庭之於情緒困擾的產生很有意義。

老實說，寫名校出身的個案發瘋之類，的確很聳動，好像給了更多不是名校的平凡之輩如你我，一個不必努力讀書的好藉口。但我可是非常肯定努力讀書得到的正向收穫，若不是天生資質聰穎，這樣的努力是需要極大的毅力與自律才有辦法做到。

我自己也是這種人，我可是靠著許多努力，現在才能坐在治療室當個專業治療者，所以，我得提醒自己，唸名校不是原罪。但為了要唸名校而付出了代價，包括強迫自己或家人達到高標準，這部分就需要好好檢討。

那麼，這位媽媽又為何來精神科就醫呢？

當然壓力源有很多，但名校招牌太閃亮讓我很難忽略不談。

「我家是那種『小孩就是要把書念好』的家庭，所以我家人很要求且重視我的課業，我到國中畢業都是全校第一名，當然就念了北一女，所以念T大也是『應該』。」

糟了，那種應該到理所當然的人最令我擔心，因為這世界變化很多，應該太多則應變太少，這絕非好事：這意味著無法接受意料外的狀況，因為字典裡找不到應該以外的其他可能，當結果事與願違時，砰！世界就垮了，信念就崩盤了。

我沒有深究她的家庭成員有多少人是名校畢業，是不是很多人很有成就，所以她理所當然地必須符合期待，因為她接下來說的東西更重要。

「念北一女時，我可能是壓力太大了（廢話，當然是），（心）生病了，媽媽第一次帶我去台大精神科看醫生，只看了一次也沒什麼效（只看一次怎麼會有效）。結果，考壞了，『只』考上F大，F大中文系。」嗯……，那麼巧，我念的就是她考壞的F大中文系。

「啊，心理師不好意思，我不是在說你啦（我知道）。我是說，依我的程度『應該』是要上T大的。啊，算了，反正在F大我也念得很快樂。」

那種快樂只是暫時逃避的放縱，但骨子裡要做出一番成就的野心沒變，因為她把她的企圖心轉嫁到老公、女兒身上。中間過程容我快轉，直接跳到她問題的核心。

「我老公是選錯了，其實我不適合婚姻，也不適合當媽媽。」這些年她與先生分居，分居後就「專心栽培小孩」，而她提到「女兒失敗對我是打擊」一語時，讓我膽戰心驚。

「名校沒念畢業」就叫失敗，這個名詞好沉重，沉重到我不敢細問她是如何「專心栽培」孩子的，想當然，她把女兒的課業當成事業一樣在經營，這怎可能會「成功」？女兒可不是你的分身，她也有自己的生命，也有夢。她無法唸完T大的問題難道還不夠清楚嗎？

可惜她認為身為一個母親，就是要經營小孩的課業，自我價值建立在小孩成就上，這才是媽媽的角色。哪個角色失敗了就認為自己失敗，無法面對自己的失敗，寧願活在自己「可能成功」的夢境裡：如果我今天念了T大我就可以……（以下省略3千字）。

這時就不得不慶幸，許多人都沒有非念T大不可的壓力，還有，我「只有」F大，但我和小孩目前為止都還蠻快樂的。

心理師的觀察

有企圖心的媽媽有點可怕，尤其她的企圖心是在家人身上，不是她個人的事業或興趣嗜好上。

如果這個事業崩盤了，那麼這位媽媽該如何是好？

最聰明的方式就是讓家人只是家人，你若想證明自己的存在價值、經營什麼事業，請一切自己來不要依賴小孩，先生不是合夥人，小孩不是員工，把家庭當成股份有限公司的，肯定到頭來一場空。因為家人不能拿來經營，家不是展現自己企圖的地方，家人有自己的意識與自由，不是屬於某個人的工具。

可惜有些家人始終仍未領悟，到老仍堅持自己的好惡，並聲稱這是愛與關心，於是他的家人只好叛逃，或者只能維持一個相處的基本義務、禮貌性的互動，再多也不能了。

15 你有家庭帶來的傷嗎？

該如何經營一份長久的親子關係？需先從省視自己的原生家庭關係開始。看懂原生關係在自己身上產生的種種影響，然後面對、因應，擺脫不良影響，活出自己的新關係。我們得直視這些，無法逃避。

有人會問我，這是不一樣的關係吧？對象不同、角色不同，如何會有關？但你心裡清楚，如果你曾是受傷的孩子，這孩子經歷的感受不可能消失，只是會轉化到其他你以為看不見的地方，也許是身體的某個器官、某種系統的病變或不適，或者是無法察覺的信念或潛意識。

如何辨識自己有著家庭關係上的傷害？先檢視你有沒有長期以來的種種困擾：

1. 一直有慢性的身體症狀，例如睡眠品質不佳、腸胃弱、經常性的頭痛等等，去檢查卻沒有確切的診斷結果，或檢查不出大問題。
2. 持續的多夢、惡夢。
3. 情緒的表達方式和周遭的人很不同，而且是破壞性的。
4. 自覺人際（或親密）關係混亂，或者因為無法好好經營人際關係而覺得挫折，而且持續很多年。

也許你有這樣的家庭氛圍：和家人生活緊密卻不開心，知道問題出在哪裡又使不上力；感到痛苦卻不知問題出在哪裡；長期以來你的家庭並沒有什麼大問題，至少周遭的人都說你很幸福應該要珍惜，但你卻沒有幸福的感覺；你和家人沒有衝突，但心裡有事時你不會想和家人說……。

關係不面對、不處理，我們就無法好好活。

在《心靈的傷，身體會記住》（作者Bessel van der Kolk, MD，大家出版，二〇一七年7月）一書中提到，當創傷發生而無法好好處理時，身體會記住並釋放某些訊息，比我們自己的意識還誠實，端看我們要不要去傾聽。

有一年輕個案長期以來為多夢所苦，本來尚可維持工作，但隨著父親的再娶，她開始有諸多的身體不適，也抗拒社交，後來只好辭職在家，而夢的內容也轉為暴力血腥。

我並不特別解夢，因為我認為作夢的人才有解夢的權利，但我想協助她看見這些夢境的意義，還有身體的不適到底透露出什麼，以及身體想告訴她什麼。

原本她拒絕談論父親，因為她認為父親已經離家多年，談論的意義不大，而且她只想解決多夢的問題，看看是否換另一種助眠藥會有效。不同住的家人並非就沒有影響力，我還是鼓勵她談談家庭關係。我的理由是，既然你現在連與人互動都覺得有困難，無法再進入職場，那我們不妨來談看看自己的人際關係是怎麼開始的，至少要了解自己從家庭中學到怎樣的經驗、受到怎樣的影響。

於是，她開始一點一點地說出小時候對父親的依戀，長大後對於父親外遇與背叛的失望。當父親又生了一個小弟弟之後她更憤恨不平，因為不擅經營婚姻與事業的父親又快搞垮了新的家，她的父親開始跟她借錢，這個父親的形象在她心中漸漸瓦解，但屬於子女的依戀仍舊沒有死心，因為父親辦公桌上仍舊擺著她的照片。

童年的她提早看見大人關係的醜惡，身為唯一的女兒又常常成為父母抱怨對方的情緒垃圾桶。

成年後的她被迫看見父親的懦弱與虛偽，即使想說服自己只往好處看，但實在沒有足夠好的理由。

於是她迷惘狂亂，這個家沒有足夠的信任基礎，於是她連「自己是誰」的信念也失去了。她最後可以理解身體是藉由這個方式在抗議，夢境則是活生生的再體現，她很努力地接收這些訊息，試著接受過去所受的傷。

心理師的建議

有些傷害看似不是家庭影響，例如長大之後所受到的創傷、暴力，或者失戀、裁員等等，但面對同一種創傷，有些人復原得快、有些人則復原極慢，其中的關鍵在於家庭支持力。

如果家庭關係沒有足夠穩固的安全感，哪來的復原免疫力？

如果孩子受到情傷，被分手或被劈腿，家人的態度是「不要緊，我們比他更愛你，你一定可以找到更好的」，那麼他就會有被撫慰的感覺；若家人的態度是「活該，誰叫你當初不聽我的」，那麼想當然，他又會多一道傷口。

家庭曾經帶來的傷害已經過去，當我們以現在的面貌去省視舊傷口時，並不是要再讓傷口流血，而是承認自己曾經受過傷，不假裝堅強，承認當時的自己的確無能為力，這樣才不會過分苛責自己的脆弱，帶著自我接納的勇敢，創造下一份更想要的關係。

16 請用手機參與孩子的世界

美國許多相關研究稱手機世代為i世代，他們不僅與智慧型手機一起長大，而且多數擁有自己的Instagram，會在任何時候展現他們的生活，這種過去從未有過的生活型態到底會產生什麼問題？我們的因應是不是該更積極？

孩子花很多時間滑手機。

孩子用更多的時間滑手機。

即使你警告他不准拿手機上飯桌，可是你知道他的心還是在手機裡，匆匆扒過飯之後，仍舊回到他的世界。

房間裡不時傳來陣陣笑聲，不過那笑聲卻跟你無關，你暗自覺得不妙：人在家裡心都這麼遠了，以後該怎麼辦？

但這不表示手機世代過得比我們快樂，相反的，手機世代的情緒障礙比例日漸增加，國內研究指出，近10年有情緒障礙的小學生增加了2.2倍。

既依賴手機又不快樂，這到底是怎麼回事？這意味著若我們不主動出擊，將會愈來愈難發現孩子面臨哪些問題。

我們有何能耐抵擋網路世界的一切？當我們把手機交到孩子手上時勝負已定，想想自己又何曾片刻離開網路？一出門，查路線、查天氣、看新聞，甚至朋友之間熱鬧的群組道早問安、聊八卦，若有閃爍未讀的提醒就坐立難安，我們不都是網路世界中難以逃脫的一份子嗎？

但是，但是（「但是」這兩個字是伏筆，後面永遠是更重要的），孩子畢竟是孩子啊，連大人有時候都無法避免的陷阱或錯誤，孩子怎麼躲得掉？

我們尚有分辨訊息的能力，但孩子會受到許多誘惑，眼看他們被資訊垃圾淹沒、無法招架，我們該怎麼辦？

1.你希望孩子能夠辨識安全的網路購物，不希望孩子還沒成年就欠了一屁股債，最糟的是還要自己代為償還。

2.你希望孩子能夠拿捏自拍與直播的分寸，不希望自己有一天要陪孩子上警局。

3.你希望孩子至少可以交到值得信任的安全朋友、得到正確的知識，而不是人云亦云，失去判斷能力。

有一天我收到孩子轉傳給我的訊息，上面說：「收到這則訊息後，若不在24小時內傳給10位朋友一定會倒楣……」

我一看快昏倒，那種騙人的連鎖信技倆就是會讓天真的孩子上鉤，引起他們無端地恐懼。我立馬很嚴肅地衛教孩子基本的網路能力，孩子小嘴一癟，雖然不高興也算是學到教訓。

還好，這只是無傷的惡作劇，但更多、更複雜的言論用糖衣做包裝，我們又如何能分辨好壞真假？

我像個獵鷹一樣兩耳豎起，靜聽孩子們談論的內容；我偵探般的利眼偷瞄她們的網頁，瞧瞧她們究竟都在看些什麼。

有一陣子她們十分著迷於某網紅的「〇分鐘看一部電影」，因為那種速食論點讓孩子以為一部電影就是這麼回事，那種插科打諢式的劇透完全膚淺化電影的藝術內涵，就像有人如果用一分鐘來拆解我寫了2年的書，我會感到十足被冒犯，她們每次的爆笑聲都讓我渾身不自在。

我希望她們可以擁有好好欣賞一份文學或藝術作品的耐心，感受到其中的故事細節並有所感觸，而不是用一分鐘來讓自己有「賺到」的感覺。

那麼我該怎麼做？

不准她們觀看絕對是個爛方法，我有責任帶領她們領略文學與藝術的真正樂趣。於是我更費心思地找尋適合她們的讀物，擺在顯眼的位置；我帶著她們去看真正的電影，辦了線上家庭電影院的會員，這樣可以就自己舒服的位置，或坐或躺地在家裡舒服看電影，每個人都可以一邊看、一邊給點什麼看法，大家都有機會表達。

這樣的話，孩子會愈來愈有自己的想法，面對外界各種聲音也開始有分辨的能力。

但我也必須靠近她們，她們是未來世界的主人，照著自己的生活模式一味套用在孩子身上顯然也不高明，所以我也吃吃看她們喜歡的食物，聽聽她們偶像的歌，看看至少是前三名的 Youtuber 影片受歡迎的點究竟在哪。

如果我真心認為孩子推薦的網紅影片好笑，但我輩朋友覺得「這到底好笑在哪？搞不懂」時，我就知道，我已經在孩子的世界裡了，我懂他們的梗。

心理師的心得

帶領手機世代的孩子絕對不容易，他們對我們來說簡直是外星生物。想法不一樣，好惡也不一樣，那是另一個虛擬又豐富的世界，我們很容易就被嗆：「啥，連這個都不知道喔～」然後加一個白眼。又好氣又好笑的我們並非完全無知，我們心裡清楚，未來真實世界的種種考驗正在等著他們，才從時光機漸漸走過來、還試著抓住青春尾巴的我們，多少還記得年輕的滋味，知道想擁有自己的個性是多重要的事兒。

經歷人生、經歷千百滄桑的中年世代的我們，知道有些人沒那麼友善，職場龍蛇混雜，社會現象千奇百怪，所以在教養孩子上才會那麼害怕，那麼小心翼翼、不知所措，才需要翻閱像這樣一本教養的書，期待從裡面得到什麼茅塞頓開的道理。

不過，父母們啊，教養永遠沒有固定範本，我把自己實務與理論的所有經驗都給你了，沒有絕招，只有隨時接招，隨著問題與態度來調整。希望我們面對孩子的變化永遠抱持好奇與欣喜，迎接孩子們的成長。

國家圖書館出版品預行編目資料

當我們滑在一起：與手機世代孩子共處／南琦 著
初版. -- 新北市中和區：活泉書坊，采舍國際有限公司
發行, 2019.01 面；　公分．--（品味教養 20）
ISBN 978-986-271-848-3（平裝）

1.親職教育　2.子女教育　3.親子溝通

528.2　　107020119

活泉書坊

當我們滑在一起：與手機世代孩子共處

出 版 者 ■ 活泉書坊
作　　者 ■ 南琦　　文字編輯 ■ 范心瑜
總 編 輯 ■ 歐綾纖　　美術設計 ■ 蔡瑪麗

郵撥帳號 ■ 50017206 采舍國際有限公司（郵撥購買，請另付一成郵資）
台灣出版中心 ■ 新北市中和區中山路2段366巷10號10樓
電　　話 ■ (02) 2248-7896　　傳　　真 ■ (02) 2248-7758
物流中心 ■ 新北市中和區中山路2段366巷10號3樓
電　　話 ■ (02) 8245-8786　　傳　　真 ■ (02) 8245-8718
I S B N ■ 978-986-271-848-3
出版日期 ■ 2019年1月

全球華文市場總代理／采舍國際
地　　址 ■ 新北市中和區中山路2段366巷10號3樓
電　　話 ■ (02) 8245-8786　　傳　　真 ■ (02) 8245-8718

新絲路網路書店
地　　址 ■ 新北市中和區中山路2段366巷10號10樓
網　　址 ■ www.silkbook.com
電　　話 ■ (02) 8245-9896　　傳　　真 ■ (02) 8245-8819

本書全程採減碳印製流程並使用優質中性紙（Acid & Alkali Free）通過綠色印刷認證，最符環保需求。

線上總代理 ■ 全球華文聯合出版平台
主題討論區 ■ http://www.silkbook.com/bookclub　●新絲路讀書會
紙本書平台 ■ http://www.silkbook.com　●新絲路網路書店
電子書下載 ■ http://www.book4u.com.tw　●電子書中心（Acrobat Reader）